JN305702

高木 清
◆Takagi Kiyoshi

15歳までの必修科目

非行臨床と学校教育の現場から

海鳥社

はじめに

わたしは矯正、特に少年鑑別所の現場を中心に鑑別や処遇の仕事にあたってきた。第一線を退いた今も非行少年との縁は続き、保護司として彼らの相談に乗ったり、また最近まで近隣の少年鑑別所に出向き、彼らが立ち直るために役立ちそうな授業を行っていた。

当然のことながら彼らは生まれたときから非行少年だったわけではない。彼らはそれまでの生活史においてさまざまな負の体験をしてきており、その壁をうまくクリアできなかった者たちである。

幼いときに両親が離婚し家族の温かみを知ることなく育った少年。知能検査をするとＩＱは普通にあるのに掛け算九九もあやしい少年。格好をつけているツッパリ少年。まわりの動きばかり気にして自分がない少年。給料をピンはねされながら怖い雇い主に文句を言えず我慢している少年。やくざの組事務所に出入りし背中から胸、肩にかけみごとな入れ墨を入れている少年。さまざまな者たちがいる。そして彼らの多くに共通することは、中学卒業もしくは高校中退の学歴で、つい最近まで中学生だったという事実である。

非行犯罪というものは人間が存在する以上、残念ながらなくならない性質のものである。しかし一方で防げ得るケースも少なくない。今まで千名を超える非行少年と接し、なぜ事件を起こしたのか、どういういきさつで非行の道をたどるようになったのか、その背景になったものは何か、今後どうすれば立ち直れるのかという視点を持って彼らと向き合ってきた。そのうえで達した一番の非行防止策は、「確かな自分をつくりあげるために、もっと認められる体験をさせ、自分だって出来るという自己肯定的感情をもたせる。いい人間関係を体験させる。生きる上で大切な世のなかのことを教える」ことだった。

つまるところ非行は教育の問題である。非行をとおして教育の問題や本質が見えてくる。それでは、この問題はだれが責任をもって行うべきなのだろうか。当然、親である。非行の背景には家庭の問題があるといわれ、深刻な事例ほどそうである。ただ、中学生ともなれば、学校生活における学業、友人関係、部活動が人格形成に及ぼす影響は格段に強まる。ということは、教育上一番効率的、組織的な対策を打てる実際の場は中学校という話になる。この仕事をぜひとも学校に引き受けてほしい。

「学ぶこと」の先には「働くこと」、「生きること」が待ち受けている。ほとんどの中学生が高校進学する現状のなかで、中学校教師は生徒が社会に出るのはまだ先の話と思っているかもしれない。しかし、わたしの前に現れるのは、十八歳になる前に学校という保護された枠から外れた少年ばかりである。彼らは、中学校のときにはおよそ考えれられなかった、社会人としての振る舞いを求められる。

今の子どもの不幸は、小さいときから至れり尽くせりの環境のなかで、わがままが許され甘やかされて育ち、いざ社会に出るときになると、突然手の平を返したように「世のなかは厳しい。それでは社会には通用しない」といわれることである。若者は今までの家庭・学校での依存と社会で求められる自立の落差の大きさに戸惑い混乱する。

会社は一昔前の高度成長期と違い、長い目でもって新入社員を育てるゆとりをなくし、即戦力を求める傾向を強めている。ならば学校教育も、社会の流れを考慮した教育のあり方が構築されていなければならないはずである。しかし、学校はどこまで世のなかでの〝生きる力〟につながるリアリティある授業や生徒指導を展開できているだろうか。

わたしは福岡市内の中学校で二年間、「教育支援」という立場でクラスに付いて授業のサポートをしながら、問題生徒や特別支援学級の生徒と関わり合った。先生方ともいろんな話をする機会が得られた。一緒に仕事をしないとわからない教育現場の苦労も肌で感じた。矯正の世界にいたころから、学校教育については、非行問題をとおしてさまざまな思いがあったが、学校現場の体験を通して新たな発見も加わり、思いは整理されていった。

学校現場を知らずして学校教育を語ることは、門外漢のそしりを免れない。他方、教育業界しか知らない者が教育のあり方を論じても客観性、中立性、幅広い視野において限界がある。その点、非行と教育の両方の現場を体験したわたしは、外から内から「教育」について語る資格を得たのではないかと思う。

非行問題から導き出される「ひとりでもおちこぼれを少なくする」という切り口は、教育の問題や本質を顕わにする。おちこぼれについての深い理解と精緻な対策は、結果的に生徒の学力向上と人間形成をもたらす。教師の力量を引き出し教師を育てる。ひいては社会の安定と国の未来につながる。

生徒と教師を身近でながめながら、生徒のだれもが気持ちのいい学校生活を送れるよう、また教師がもっと良い教育ができるよう、そのためにはどうすればいいのかという論点が頭のなかで次第に明確になっていく気がした。非行臨床の切り口を携えながら、学校教育現場の実態を踏まえた教育のあり方について語れそうな気がした。

前半はわたしのホームグランドだった矯正現場の知識と体験に基づいて、学校教師が知っておいてほしい非行のことを述べる。非行鑑別を通じて見られた家庭のあり方についても紙面を割いた。また、わたしが行っていた非行少年への「世のなか」授業を紹介する。学校教育にも参考になるはずである。後半では、中学校での実体験から感じたこと、思ったこと、こうしたらうまくいくのではないかという処方箋を提示した。さらにわたしが中学校でとった行動に対するまわりの反応とその意味に言及し、そのうえで教育のあり方について問題提起した。

わたしの知る限りでは非行と教育の両方の現場を結びつけた類書はほとんど見ない。同じ人間行動を扱う隣接領域でのわたしの知識と体験が学校教育とリンクし、皆さんにわずかなりともお役に立つことを願う。

二〇一四年一月

高木　清

15歳までの必修科目◉目次

非行からみえる教育

教師に知っておいてほしい非行のこと

家庭のこと

ぐれている君たちへ

学校教育現場の処方箋

学校の今

現場あれこれ

学校教育を考える

付録　講話より

非行から
みえる教育

教師に知っておいてほしい非行のこと

捕まる危険を冒してまでなぜ悪いことをするの？

「なぜ悪いことをするの？」という素朴な疑問から非行を考えてみよう。(1)

非行犯罪の直接的な動機は、財産犯はお金目当て、性犯罪は性欲、暴力犯は攻撃性に基づくものだが、おとなと違って、計算づくで非行に走る非行少年なんてあまりいない。彼らは損得勘定とは別次元の感情で動いていることが多い。知能指数が高くても、非行犯罪を起こす人はたくさんいる。進化の過程で後づけされた理性を司る大脳皮質など脆《もろ》いもので、行動を動機づける土台となるのは感情である。

非行少年だって非行が悪いことくらいわかっている。しかし客観的、現実的、合理的な判断を超える、どうしようもない情緒的、非合理的、衝動的な力に駆られてしまう。事件が発覚し警察に捕まる危険や、場合によっては少年院送りとなるかもしれない将来の不利益を現実のものとして実感できない。「ひょっとして捕まるかもしれない」といった将来の不利益を心配するより、とにかく今この場の不満な状況から逃れたくて、目先の快楽やてっとり早い形の安定を求め、非行に走ってしまう。理屈ではない。今の苦痛、寂しさ、虚しさ、苛立ちを回避、解消することのほうが切実な問題である。他人から見れば、犯行が発覚し警察に捕まることは当然予想され、割に合わないことであってもやってしまう。これが非行である。

自分に居場所がない、相談できる人もいない状況では、誰が見てもよろしくない不良者とのつき合いでも、安心感が得られる場になる。不良先輩も彼らにとっては善い人で、孤立無援の自分に救いの手を差し伸べてくれる心やさしい人である。傍《はた》からは連れ回されている、利用されている、いじめられていると見えても、当人に被害意識はない。一瞬立ち止まることはあっても、結局ひとりぼっちの自分を支えてくれる彼と行動をともにしてしまう。

非行化と非行利得

親や周囲に対する「反発」、「あてつけ」、「関心をひきたい」という動機から問題行動が始まる事例は少なくない。その際の逸脱行動は精神的な快感を伴うことを知っておいてほしい。もともと人間は人から「好かれたい」のである。「愛されたい」、「認められたい」欲求を持つ。ところがその願いがかなわず、親からかまってもらえず、学校では同級生から無視され、ときにいじめられ、毎日が不安で自分に自信を持てないとする。それならばと思いきって不良グループに入り、まわりに反抗してみる。すると、まわりは彼の逸脱行動にびっくりし、彼を遠巻きに見るようになる。親はなにやかやと気をつかうようになる。自分を小馬鹿にしていた者が自分を怖がり、機嫌をとるようになる。自分のちょっとした言動が周囲に波紋を起こし、それまで小さな存在でしかなかった自分が、皆を恐れさせる有利な立場に立つ。自分が特別な存在で強くなった感じがする。まわりより優越感を持てるこの快感は今まで経験したことがなく心地いい。こうなると非行はパワーになる。心の拠りどころになり、簡単にやめられなくなってしまう。非行少年と接していると、このように疾病利得《しっぺいりとく》ならぬ、いわば〝非行利得〟の存在を感じてしまうことがある。

「援助交際」と称される少女の性的行動のなかにも類似した心理が見られる。ある少女は、性関係によって得られる快感について「やった者でないとわからない」とうそぶいていた。実は彼女が言う快感は性的、金銭的なそれのみではない。同年代の少女と違う大人びた体験をすることで、上に立ったような優越感を得られる。異性からちやほやされ注意関心を向けてもらえる。援助交際は、一時的であっても心の隙間を充たしてくれる心地よさを伴う。

彼らのこうした心の理解なしに一方的に説諭しても、彼らには単なる聞き飽きた説教に過ぎない。心の充たされなさや寂しさを埋めてくれる、非行利得を超える出来事や人との出会いがなければ、逸脱行動はなかなか収まらない。

おちこぼれ

少年鑑別所に入ってくる非行少年の学力の低さには驚かされる。簡単な学力検査をしてみると、二桁の数字が入った掛け算は半数以上ができない。なかには掛け算九九も怪しい少年がいる。日記を書かせると平仮名のオンパレード。内容も稚拙この上ない。知的な生活から遠ざかっている生活の影響もあるだろうが、それにしてもお粗末の限りだ。総じて小学校低学年レベルの学力である。小学校、中学校と国語や算数の授業時間はたくさんあったはずだが、なぜこれほどまでに基礎学力が身についていないのだろうか、不思議でならない。

「非行少年は頭が悪いんだ」といえばそれまでだが、知能検査を実施すると、彼らの平均知能指数は九〇ちょっとである。知能検査は一〇〇を中心に正規分布になるよう作られているので、普通よりは劣るが、といってとり立てて劣っているとも言いがたい。

他方、この少年たちが少年院に送られると学力が格段に向上するという事実がある。難しい漢字を使用し、内容的にもしっかりした文章を書けるようになり、数計算も結構できるようになる。この間、たったの半年から一年である。少年にこのことを聞くと、「少年院では初め渋々やっていたが、少しずつわかり始め、勉強が楽しくなって自分から取り組むようになった」と言う。このことばはまさに学習の本質を言い表している。

学習というものはゼロからスタートする。何かを覚えよう、学ぼうとすれば最初は反復学習しかない。わからなければ徹底したドリル学習である。これしかない。そしてわかり始めたら少しずつ難度を上げていく。その際忘れてならないのが、問題ができればまわりがしっかり褒めてやること。勉強がわかる楽しさと褒められる嬉しさを実感させ、学習へのモチベーションを高めることである。このプロセスは知識の習得向上にとどまらず、人格形成に大きな影響を及ぼす。忘れてはならない教育の原点である。

ところで、非行少年は自分のことを「おちこぼれ」と言うことがあるが、おちこぼれって一体何だろう？　学校時代良い点数が取れず、授業についていけなかったことを指すのだろうか。外れた道を進んでしまったからだろうか。高卒の学歴がないからだろうか。たしかにこれらは劣等感を感じる要因になるかもしれない。

でも子どもの健全育成に携わる大人は、これらは若いころの一時期の出来事にすぎず、長い人生にはいろんな選択肢と可能性があって、ひとつの物差しだけで物事を決めつけてはいけないという気持ちを持っていなければならない。わたしは非行少年に「おちこぼれとは〝自分はできない。だめだ〟と思いこみ、努力をあきらめたときから始まる。そうなると、あっという間に坂道を転げ落ちていく」と常々言っている。

非行への分かれ道

少年鑑別所に入ってくる四割あまりの非行少年は実の両親がそろっていない。統計的に見れば、多くの非行少年は一般少年より環境的に恵まれていない。

しかし、世のなかには同じように恵まれない環境のなかで頑張っている人がたくさんいる。同じ不遇な家庭環境にあっても、非行犯罪を繰り返す人とそうでない人との違いは一体どこからくるのだろうか?

ぐれたが本格的な非行犯罪まで行かなかった人、あるいは非行犯罪から立ち直った人の話を聞くと、実は彼らは不遇な家庭環境に代るものを見つけ持っている。彼らは「俺がここまで来られたのは、学校で尊敬できる教師や信頼し合える友人に出会えたこと。職場でいい先輩や上司とめぐり会えたこと。支えてくれる恋人がいたこと。打ち込めるもの、仕事があったおかげ」などと振り返る。つまり恵まれない環境にあっても、それをカバーするものを持つことができれば、不遇な家庭環境は問題にならずにすむのである。

人間がまっすぐ生きるには、たとえ親がいなくても、親代わりとなる大人との出会い、信頼できる人とのつながり、まわりから受けいれられる居場所がある安心感と心地よさ、熱中できる好きなものがある、物事をやり遂げ自分だってできるという自信、努力するおもしろさを知っている、人から褒められ認められた体験、これらが非常に大切になってくる。非行少年や犯罪者には、不幸にもこうした体験や出会いが欠落している。

鑑別所に「貼り絵」という日課がある。少年に日課についてアンケートをとると、この「貼り絵の楽しさ」を挙げる少年が少なくない。このアンケートの結果を紹介しながら、貼り絵から見えるものについて述べていこう。

「初めのうちは嫌だったが、やり出すと結構楽しくて、でき上がったときは〝ヤッター〟という感じだった」

「やっている間、集中でき落ち着けた」

「こんなにひとつのことを真剣にやったのは初めて」

ボールペンで色紙をつつきながら遅々としてはかどらない作業を見ると、わたしには到底できそうにない。彼らもやる前はそう思っていた。ところがやり出すとおもしろいらしい。なかにはでき上がった「作品」を自慢げに職員に見せたがる少年がいる。

鑑別所に入ってくる少年は概して取り柄がない。学校で褒められたり認められた体験を口にする者はほとんどいない。何かをやり遂げたという実感を持つ者もほとんどいない。それだけに、たかが貼り絵と思うような小さなことでも、最後までやり遂げた喜びはひとしおらしく、彼らの反応にはこちらが驚いてしまう。人の成長には達成感や成功体験を味わわせ、自分に自信を持たせることが何よりも重要である。欠点を指摘するばかりでは、子どもは自信をなくしやる気を失ってしまう。人の能力には優劣がある。しかし、それぞれに個性や持ち味があるものだ。教育に携わる大人は努めて子どもの長所を見つけよう。子どもと深く関わりあえば、自然と子どもの長所が見えてくるはずだ。子どもの長所や持ち味を発揮できる場を設けよう。ひとつの物差しだけで人を測り決めつけてはいけない。どんなことでもかまわない、その人なりの頑張りを示せば少々大げさでもかまわない、遠慮なく褒めよう。要は人との比較でなく、彼の個性を見て評価してやることである。当人はおだてられているとわかっても、人間、褒められて悪い気はしない。つぎのやる気が湧いてくる。

「平成二十三年版犯罪白書」[2]には「少年・若年犯罪者の実態と再犯防止」の特集が組まれている。再犯要因はとりもなおさず非行犯罪抑止要因につながるので、参考までに一部紹介しておきたい。

平成十六年一月から三月までの間に十八歳または十九歳で少年院を出院した者（男子六〇六人、女子三八人）を対象に、出院から二十五歳に達するまでの間に犯罪を起こしたかどうかを調べた追跡調査の結果、「全体の六割強が更生し、四割弱が犯罪に至って刑事処分[3]を受け、そのうち実刑になった者が一五パーセントいた。女子では刑事処分を受けた者は二人のみ」。再犯に至るまでの出院後の問題行動について複数選択方式による調査では、「不良交友」、「借金」、「無為徒食」（就労意欲欠如）の問題があると指摘されている。

また平成二十三年三月に少年鑑別所に入所した少年と、刑事施設に入所した三十歳未満の若年受刑者に対するアンケート調査によれば、「非行犯罪の要因となった領域のひとつに〝自分の性格（我慢が足りない、落ち着きがないなど）や態度（規範意識、他者への関心の程度など）〟を挙げる者が多かった」。さらに「今後の生活や立ち直りに必要な指導や支援について聞いたところ、〝くじけそうになったときや困ったときの相談相手など心の支え〟を求める意見が多く見られた」と報告されている。

仲間意識と集団非行

少年期の非行は、成人犯罪に比べ共犯者を伴った集団非行が多い。彼らに非行の経緯をたずねると、「仲間の手前、格好をつけなければならなかった」、「仲間はずれにされたくなかった」と言う者が少なくない。金目当てでも、被害者への不満恨みがあったわけでもないのだ。総じて非行少年は社会的に認められた形の適応に失敗しているため、自分と同じように外れた仲間とつるんで心の安定を図ろうとする傾向が強い。仲間の受けを良くしようと仲間に気をつかい、実際以上に自分を見せようと虚勢をはる。そしてそんな自分を「友だち思い」と評価する。

非行場面になるとこうした仲間意識と集団心理が相乗的にはたらき、それぞれが調子づき突っ走ってしまう。この時はことの善し悪しや、被害者がかわいそうといった感情は吹き飛んでしまっている。よしんば、そういうことが頭をよぎっても口に出せない。弱い者同士が傷をなめあうように依存し合い、仲間との関係を最優先させ、ひとりだとできないような無謀な行動もとってしまう。

逸脱集団は、仲間が抜けようとする動きに非常に敏感である。やくざ組織やひと昔前の連合赤軍の行為を思い起こせば理解しやすいが、組織の結束を乱しかねない身内には激しい攻撃性、暴力性が向かいやすい。わたしが体験した事例では、暴走族を抜けようとした副総長が「裏切り者」として仲間から集団リンチを受け、半裸状態で池に放り込まれ死亡するという凄惨な事件を思い出す。

日本人はまわりの評価を気にしすぎと言われる。ドライといわれる今どきの青少年も身近な友だちの動きに関しては敏感である。仲間はずれを何よりも恐れ数人単位で群れたがる。携帯電話でスマホで四六時中、連絡を取っていないと安心ができない。マイノリティである非行少年は、この傾向がより先鋭化しやすい。

いじめについて

非行少年と話をしていると、彼らは概して、「いじめ・いじめられ」に敏感で、特に女子はそうである。平成八年当時、福岡少年鑑別所所長だった宮崎久生が「いじめ」をテーマに、鑑別所に入所した男子・女子各一〇〇名にアンケートをとった調査結果によれば、「男子は、いじめの被害体験のある者が三二パーセント、加害体験が四三パーセント、女子は被害体験五六パーセント、加害体験は六三パーセント」という報告をしている。その後もいろんなところからいじめに関する調査結果が報告されているが、似たようなもので、残念ながらいじめ問題は今も延々と続いている。

ある非行少年は「いじめは小学校高学年のころからあった」と言っていたが、いじめはこの時期からの一般の少年少女全体に共通する大きな関心事のひとつになっている。集団で同級生を恐喝し傷害事件を起こした中学生のひとりは、事件のほんの数か月前まで自分がいじめのターゲットになっていた。その後、自分の身を守るため他の少年をいじめる側に回ったのだ。被害者から加害者に転じる事例はけっして珍しくない。何らかのきっかけでいじめる側といじめられる側が逆転してしまう。彼らにとってはいじめる優勢な側に立っていても安心できないのである。

わたしの記憶に鮮明に残っている事例では、それまでからかわれ、いじめられていた男子中学生がキレてしまい、学校で大暴れして同級生や下級生を殴り、学校全体が大騒動になる事件があった。また度重なるいじめを受け、追い詰められた中学生が自ら命を落とすという痛ましい事件もあった。

いわゆる古典的な非行少年は学校に登校せず、家庭や学校の保護領域から離脱した生活空間のなかで問題行動を起こすため、ある意味教師は手を煩わされることはない。しかし、最近はそうでない生徒の非行も多い。学校に登校しているからといって安心できない。「学校カースト」といったことばもあるが、生徒間の水面下で行われている小さないじめがエスカレートし、大きな問題になりかねない。学校教師は、普段から生徒の顔色や振る舞いに感度を上げておかねばならない。

少年事件のこと

人間を扱う職種の人間は、専門分野だけにとどまらない幅広い知識が求められる。学校教師も、少年法関連の法的知識があると生徒指導上とても役立つ。

以下の項目では、少年法の理念と思潮、少年非行の実態、少年保護事件の実際の運用等について述べていきたい。

そもそも少年非行は、成人の刑事事件と違って特別な手続きで行われる。その理由は、年齢的に若く可塑性《かそせい》を持つ成長すべき存在と位置づけられているからで、「少年法」を貫く理念は「保護主義」、「健全育成」である。事件の捜査や認定には刑事法の手続きを踏んでも、処分の内容は刑法と大きく異なり、裁判は「審判」と呼ばれる。

実は少年法については比較的最近、歴史的な出来事があった。それは平成十二年の少年法改正である。改正のきっかけになったのは、平成十年前後に相次いで起きた少年による重大犯罪だった。そのとき大きな問題になったのが、「現行の少年法では非行事実の十分な解明が困難である」、「加害者である少年の立場を重視しているのに比べ被害者の立場に目を向けていない」という批判だった。その結果、「刑事処分が可能な年齢を十四歳に引き下げる」、「十六歳以上で人を死亡させた事件は原則として刑事裁判にする」と定められ、さらに平成十九年の少年法の一部改正では、「少年院の収容下限年齢をおおむね十二歳まで引き下げる」など、厳罰化の方向でさまざまな改正が打ち出された。ありていにいえば、保護主義を理念に持つ少年法といえども、人を死亡させるなどの重大犯罪については被害者感情なども最大限考慮し、少年の非行犯罪に厳しい処罰を下すべし、という内容になったということである。

少年保護事件の流れについて、しばしば見られる事件を取り上げて話をしよう。仮に中学三年生の男子生徒がオートバイを盗み（非行名「窃盗」）、警察に捕まったとする。すると「少年事件の流れ」（図1）に示すように、男子生徒は警察の取り調べを受け、検察庁を経て家庭裁判所に事件送致される。裁判官が身柄拘束の必要はないと判断すれば、この少年は家に帰され、その後在宅状態で家庭裁判所調査官による調査を受ける。その上で、審判が開かれ、調査結果を踏まえ裁判官から処分を下される。

このように多くの少年事件は身柄拘束を伴わない、いわゆる在宅事件で処理され、審判結果は特別な処分を付さない不処分や、施設に収容されない保護観察で終わるのがほとんどで

図１　少年事件の流れ

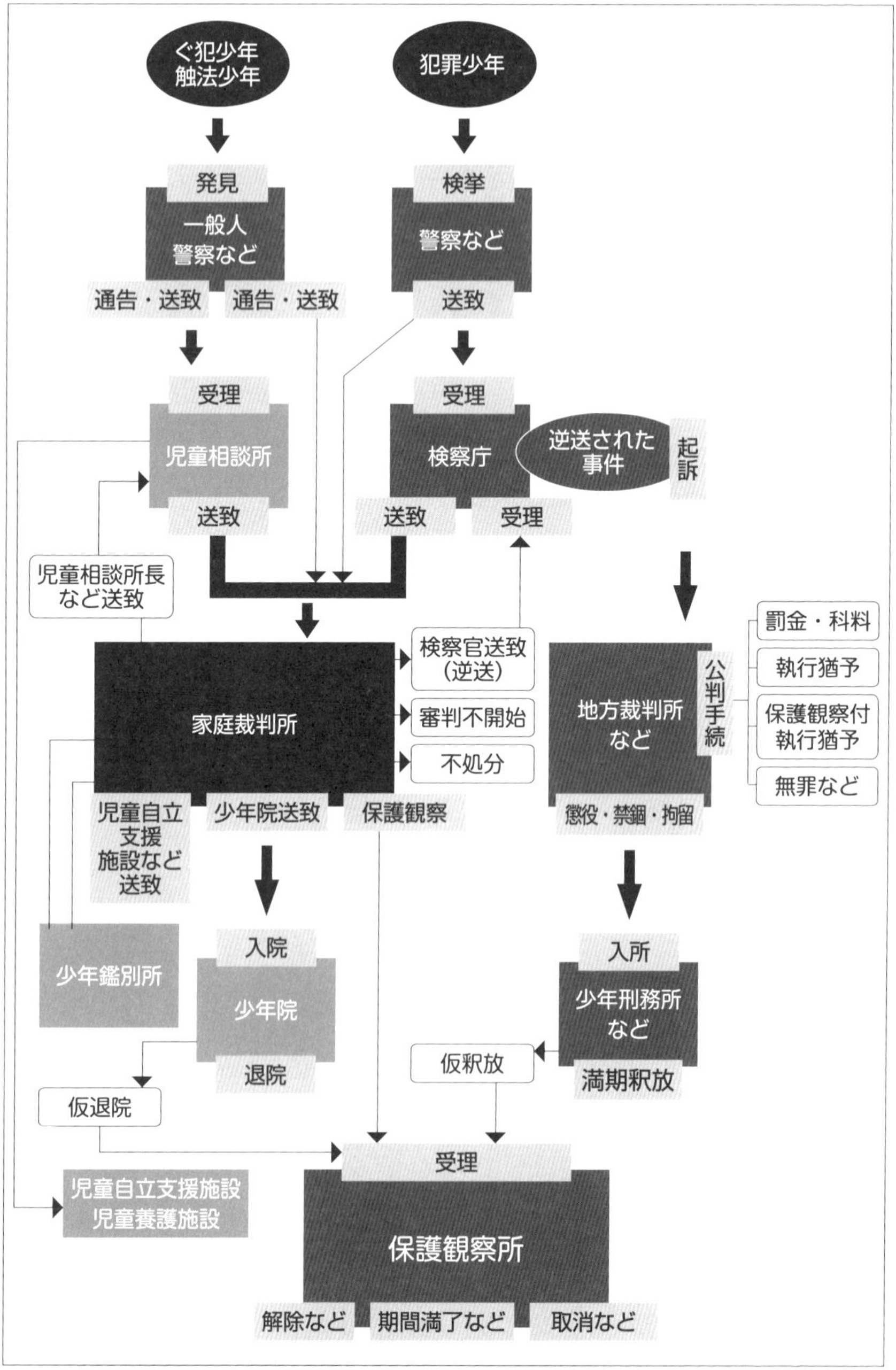
ぐ犯少年
触法少年
犯罪少年
発見
一般人
警察など
通告・送致
通告・送致
検挙
警察など
送致
受理
児童相談所
送致
受理
検察庁
送致
受理
逆送された事件
起訴
児童相談所長など送致
家庭裁判所
検察官送致（逆送）
審判不開始
不処分
児童自立支援施設など送致
少年院送致
保護観察
地方裁判所など
公判手続
罰金・科料
執行猶予
保護観察付執行猶予
無罪など
懲役・禁錮・拘留
少年鑑別所
入院
少年院
退院
仮退院
入所
少年刑務所など
仮釈放
満期釈放
児童自立支援施設
児童養護施設
受理
保護観察所
解除など
期間満了など
取消など

ある。事件を起こしたからといってそのまま警察の留置所や少年鑑別所に収容される事案は少なく、少年院送致になることは稀である。家庭裁判所で事件を受理した人員のうち、少年鑑別所に収容される人員は一割にも満たない。審判で少年院送致になる数はさらに少なくなり、鑑別所に収容された数のおおよそ三分の一くらいである。施設収容は自由の拘束を伴うたいへんな措置であることから、裁判官は厳密な要件のもとで必要があると判断した事例に限ってしか、鑑別所収容や少年院送致等の身柄拘束の措置をとらない。

こうして書くと、「少年非行では少々の悪さをしても厳しい処分にはならない」と思われるかもしれないが、それも一概には言えない。二十年、三十年のスパンで「少年保護事件における家庭裁判所新規受理人員の推移」と「少年鑑別所新収容人員の推移」の年次別統計を重ね合わせると、以前より最近のほうが鑑別所に身柄をとられる割合が高くなっている。

ちなみに「万引き」というと世間一般では軽微な非行と思われているが、ある中学三年生がコンビニでチョコレートと整髪料を万引きしたとする。ところが、店員に見つかって取り押さえられようとしたとき制止を振り切ろうとし、はずみで店員を殴って怪我を負わせたとする。こうなると単なる「窃盗」事件ではすまされなくなる可能性が出てくる。本人がいくら「遊び半分に万引きをした」と主張しても、「強盗致傷」という凶悪な罪名で事件送致されることもあるのだ。刑法では懲役六年以上の刑罰と定められる重大犯罪である。鑑別所に身柄をとられる可能性も高くなる。

少年による重大犯罪が発生するたびに、少年非行に対する処分の軽重が話題にあがる。あえて「甘い」、「厳しい」ということばを使えば、昭和五十年前後は警察、検察、司法全官署とも少年非行に甘かった。今なら必ず身柄拘束されているはずの事件が、当時の警察検察は中学生、高校生という理由で身柄付きの事件送致をせず、裁判所も身柄をとることをしなかった。ところが、昨今は少年といえども相応の処分で臨むべしという刑事政策の流れのなかで、当時より身柄収容の割合が増えている。

教師が関心を持つだろう中学生の非行件数を挙げておく。「平成二十三年版犯罪白書」によれば、「一般刑法犯検挙人員(平成二十二年)の年齢層別構成」をみると二十歳未満の少年が二六・八パーセントで約四分の一を占め、そのうちの三二・八パーセント、三分の一が中学生である。つまり昨今の少子高齢化における日本人の年齢別構成と対比すれば、中学生はどの年齢層よりも高い比率で犯罪を起こしているということである。

十四歳になっているか、なっていないかで事件の扱いが異なる

刑法四一条には「(責任年齢)十四歳に満たない者の行為は罰しない」と謳われているが、この条文に連動し少年法でも十四歳を境に事件の手続きが異なっている。

仮に中学二年生の四人グループが恐喝事件を起こしたとする。そのうち二人が十四歳に

なっていないとすれば、警察はこの二人については事情を聞き書類を作り児童相談所に事件送致する。ちなみに児童相談所というところは、子どもについてのさまざまな心配事を扱う「児童福祉法」にもとづく福祉施設である。親を呼んで子どもの育て方などについて指導を行い、場合によっては養護施設や児童自立支援施設に措置することもあるが、親の同意を前提にし強制力は持っていない。

一方、十四歳になっている二人については、「少年法」にもとづく手続きに則って処理される。したがって同じ児童自立支援施設送致でも、裁判所による審判決定になれば、強制力を伴う処分になる。少年院送致の選択を受ける可能性も出てくる。このように、不公平に思えるかもしれないが、現行法律では十四歳になっているかいないかでこのような差が出てくる。

ただし、すべての事件においてそうかというとそうではない。人を死亡させるなどの重大事件の場合は手続きが異なってくる。以前は、不良成人が十三歳の中学生に「人を殺しても少年院にやられることはないから」と言って犯行をそそのかしたという話もあったが、少年法改正によってそうではなくなった。仮に十二歳の小学生、あるいは十三歳の中学一年生が重大事件を起こせば、警察はいったん児童相談所に事件送致するものの、児童相談所はすぐ家庭裁判所へ事件送致し、家庭裁判所は少年保護事件としての手続きにはいっていく。小学生でもおおむね十二歳以上ならば少年院送致が可能な運用になった。

生徒を預かり教育してくれるところはないの？

中学校教師から「一か月でもいいので問題生徒を預かり教育してくれるところはないの？」という質問を受けることがあった。実はこうした質問・要望は、少年鑑別所の「一般相談」[5]でも、子どもの指導に困り果てた保護者からよくあった。非行少年の周辺にはこうしたニーズが存在する。しかし、現行の法律は個人の自由を奪う措置についてはきわめて厳格な要件を設けており、おいそれとできない。

公的な施設でこうしたニーズを満足できそうなところは少年鑑別所になるだろうと思うが、鑑別所は、事件を起こした少年の審判前における調査鑑別の施設であり、教育施設ではない。たとえ鑑別所収容に伴う副次的な教育効果が認められても、法律上改善教育を目的に鑑別所に収容することはできない。

また教師が連想することが多い児童相談所は、そもそも虐待をはじめ児童の多岐にわたる問題を扱うところで、非行を専門に扱う施設ではない。教育する施設でもない。ちなみにだいぶ前になるが、不登校や引きこもりの子どもを対象にした戸塚ヨットスクールという民間の教育訓練施設があった。一時、全国的に名を馳せたが、行き過ぎたやり方で生徒が死亡し、責任者が暴行傷害致死事件で刑事告訴され、施設も消滅してしまった。

子どもの問題に苦しみ悩み立ち直りを願っても、残念ながら、親や教師が期待するような、子どもを預かり教育をしてくれるところはなかなかないというのが実情である。ただ警察や鑑別所は少年非行に関するいろんな知恵を持っている。生活指導を担当する教師は、困ったときは遠慮なく専門家に相談するほうがいい。対策の方向や解決の糸口を見出すきっかけになるかもしれない。

警察、家庭裁判所、少年鑑別所、保護司、弁護士

以前は学校が警察の力を借りると「教育の放棄だ」とか「自己否定だ」と内から外から声が上がったものだが、最近この種の批判はあまり聞かなくなった。非行防止を目的に警察職員による社会人講話を行っている中学校もあり、わたしも講話を聞いたことがある。ただ、そのときの話は暴力団の恐ろしさを強調するばかりで、生徒や教師の評判は芳しくなかった。学校に警察の影がちらつくだけで一定の目的は達せられるのかもしれないが、どうせやるなら、学校はもう少し生徒に現実感を持たせられるような話をしてもらえるよう、警察に事前申し入れをしておくほうがいい。

話の筋が少し外れたが、荒れた学校の話である。落ち着いた学校では警察との連携は対岸の火事かもしれないが、荒れた学校では警察は頼みの綱になる。むろん教育上、万策尽きた

上での警察力への依頼であり、安易に警察に発動を促すことがあってはならない。その判断は校長の現場感覚と責任にかかっている。

ところで生徒が起こした事件について、「えっ、あのときの処分が今ごろ」と違和感をおぼえた教師はいないだろうか。実は事件になって家庭裁判所の処分が出るまで、在宅事件では半年くらいかかるのは珍しくない。遅い事案は一年くらいかかる。警察・司法における事件処理の迅速化の問題だが、そもそも人間の行動を変容させるためには、時機を失しないタイムリーな指導が重要である。忘れたようなころに処分を言い渡され、指導を受けても当人には伝わらず、すでに手遅れになっているかもしれない。

学校は、指導の限界を超えるような暴行、傷害、器物損壊等にあたる行為を生徒が学校ではたらけば、速やかに警察に連絡したい。「餅は餅屋」に任せることである。そして、その後忘れてはならない作業がある。それは、警察に事件処理が遅くなることの教育上の問題を説明し、迅速な調査を依頼することである。警察には、中学生という年齢から事件を軽く見て、処理を先延ばしにしてしまう傾向がないとも言いがたく、その間に第二、第三の校内事件が起き被害が大きくなりかねない。学校現場の実態を丁寧に説明し理解を求め、警察の速やかな対応を促したい。

家庭裁判所に事件送致された後も同様である。生徒指導担当者は家裁調査官からの呼び出しを待つのでなく、自ら家庭裁判所に出向き実情を説明したい。学校の対応は家庭裁判所にとっても生徒の状況を具体的に理解できるとともに、時機を失しない実効性の高い処分・処遇の選択につながり助かるはずだ。学校にとっては、強制力を伴う迅速な警察取り調べ及び家庭裁判所の調査審判は、生徒指導が後手後手に回ることを防ぎ、なによりも生徒の非行からの早期回復を促す。

もし少年鑑別所に身柄をとられた生徒がいれば、担任は一回くらいは面会に行くほうが望ましい。手紙も一回くらいは出したい。鑑別所では、少年が出所する前にアンケートをとっているが、「うれしかったことは?」の設問に「面会」、「手紙」という回答が数多く見られる。学校では強がり教師に反発していたとしても、鑑別所では今までの生活から切り離され、内省的な態度が芽生えやすくなっている。少年院に送られるかもしれない審判への不安から依存的な心理もはたらきやすい。こうした生徒の心の動きを理解した上でのはたらきかけは、生徒が復学した場合、後の関係づくりに好影響を与える。

在校生のなかには「保護観察」中の生徒がいるかもしれない。保護観察の実際の処遇に当たるのは保護司である。保護司というのは、ただのおじさん、おばさんに見えるかもしれないが、さまざまな人生をくぐり抜けてきた大人である。法的には篤志家ながら非常勤公務員の身分をもち、保護観察所から権限を委託され、対象少年に法令にもとづく指示を行うことができるようになっている。学校は保護観察中の生徒のことで相談したいことがあれば遠慮なく連絡を取るといい。保護司は保護観察官と緊密な連絡を取り合っている。なお事例によっては保護観察官が直接担当する場合もある。

最後に、教師には関係なさそうに思えるかもしれない弁護士のことについて少し詳しくふれる。

平成十二年の少年法が改正される前までは、鑑別所に入る少年事件に弁護士がつく割合は大体一割くらいだった。ところが平成十二年の少年法改正をきっかけに、日本弁護士会は弁護費用原則無料で付添人をつけられる[6]「当番付添人制度」なるものをつくった。現在では全国の鑑別所に身柄をとられる少年の七割くらいに弁護士がつくようになっている。改正少年法では、「重大事件に限って国費で選任する」国選付添人制度が定められたが、弁護士会はその範囲を「身柄をとられたすべての事件まで拡げて立法化すべき」と主張し、現在もさらなる法制化を目指している。

この「当番付添人制度」の先鞭をつけたのは福岡県弁護士会である。当初は「全件付添人制度」（後に「当番付添人制度」と名称変更）といっていたが、実はわたしは彼らの活動の舞台となった福岡少年鑑別所で現場の責任者として勤務していた。ほとんどの身柄事件に弁護士が関与するという事態は、関係機関である家庭裁判所、少年鑑別所にとって大事件で、円滑な制度導入のため三者は定期、不定期に幾度も協議を重ねた。ここでは、当時現場で起きた外部には知られていない事実について紹介するとともに、この仕組みが少年に及ぼした影響について述べたい。

少し話が難しくなるかもしれないが、そもそも少年審判なるものは、刑事裁判とは構造上まったく異なる。少年審判は裁判官が主体となって非行事実と少年の要保護性の両方について、少年の有利・不利を問わず、積極的に調査を行う構造になっている。行政の一部には機能不全に陥っている領域があるときくが、少年審判に関して言えば、少年の健全育成という理念と目的を実現すべく立派に機能していると言っていい。そこに「子どもの人権保障」をスローガンに、弁護士が入ってきた。当時現場で、弁護士会の「全件付添人制度」の仕組みに違和感を感じ、必要性を疑問視したのはわたしだけではなかった。

弁護士会は、少年保護事件における弁護士の立場について「少年審判の良き協力者」と位置づけた。しかし、実際の彼らは刑事裁判と同じ感覚で、少しでも「少年に有利な決定が出るように」弁護活動を行った。当然この基本スタンスの違いは少年法の「健全育成」の精神と微妙なずれをきたした。

具体的な事例を挙げよう。少年との面会を終えた保護者がわたしに会いたいというので会いに行くと、「子どもに面会すると、子どもが〝弁護士をつけてほしい〟としきりにせがむ。弁護士より反省が先だろうと諭そうとすると、〝どうせタダだからいいだろう〟と身勝手なことばかり言う。せっかく鑑別所に入ったのに全然反省していない」と嘆くことしきりだった。こうした保護者の訴えは一件、二件ではなかった。鑑別所は法的には教育を目的とする施設ではない。しかし、親心として、鑑別所で反省し立ち直ってほしいという切実な願いをもつのは当然である。鑑別所の教官も、自分を見つめ直すきっかけにしてほしいと願っている。ところが少年たちの心は、弁護士がついたことによって、自分がしたことへの真摯な反省がぼやけ薄れる方向に傾いた。この問題を危惧《きぐ》する物のわかった弁護士はそうならないよう少年たちに縷々《るる》説明していた。しかし、非行少年は得てして自分の都合のいいように物事を解釈してしまう。当時、審判で少年院送致を言い渡され、取り乱し暴れる少年が目立った。少年がある程度落ち着いたところで面接すると、弁護士がついたことで「出られるのではないか」という期待を持ち、審判結果への見込み違いが混乱した行動に関係していることがわかった。

少年法については、今も政府内の有識者会議等で改正の論議がなされているようだが、新たな仕組みの導入には、プラス面、マイナス面のすべてが組上に乗せられ議論されるべきである。しかるに有識者といわれる委員は、こうした実態をどこまで理解しているのだろうか。現場にいると、保護者がいなくて援助してくれる者がいない事例、職場開拓や被害者との関係等環境調整を要する事例など、たしかにフットワークが軽い弁護士がついて良かったなと思われる場合がある。ただ数的には、弁護士がいないとどうにもならなかったという事例はきわめて稀である。

そもそも裁判官は、少年に対する後見人的な役割を果たす構造を持つ。だからこそ家庭裁判所には調査官という専門官が配置され、また拘置所と違う科学的な鑑別機能を持った少年鑑別所も存在する。少年法の問題と指摘されていた非行事実の認定の仕方は、すでに平成十二年の改正で新たな条項が加えられており、現行の仕組みで少年法の精神は具現化され機能している。

弁護士がいるほうが少年審判をより機能させる事案は存在する。しかし弁護士会が主張するような、全部の身柄事件に弁護士がつかなければならない必要性はとても感じられない。むしろ弁護士がついたがために、少年に損得勘定や打算がはたらき、真の反省を妨げかねない弊害が生じてしまう。国選付添人制度の対象事件の無制限な範囲拡大は、一方で検察官の関与についての論議を余儀なくされ、下手をすると少年審判が刑事裁判化し、少年法を根本から覆すことになりかねない。

視点を変える。平成十四年に「法曹人口の大幅増加」という国の政策目標が掲げられ、法科大学院があちこちの大学で新設されたが、当初から司法試験合格者の受け皿不足が不安視され、また当の弁護士の間では弁護士の質の低下を危惧する声があった。この不安は的中した。弁護士会は身柄事件全部の国選付添人制度の立法化を掲げているが、新規市場の開拓が思うように進まない窮状に困り、少年事件に目がとまったのではないだろうか。うがった見方のようだが、「全件付添人制度」は、弁護士の就職難問題を背景にした法曹界の助け合い運動と見られなくもない。少年非行の現場にいると、少年の「人権保護」を錦の御旗に「国選付添人制度の対象事件をすべての身柄事件に拡大すべし」という主張に欺瞞を感じてしまう。

ここ十年間の司法試験合格者は、国の政策に翻弄される結果になり、気の毒である。残念ながら国策にはこうした愚行がつきものである。悪い公共工事に代表されるように、あちこちにごろごろしている問題であり、今始まったことではないといえばそれまでだが、物事が立法化されれば予算を伴う。だから納税者の一人として、国費の無駄遣いになりそうなことについて指摘した。

ちなみに需給バランスの見地で言えば、弁護士の法律知識を必要とする場は社会にたくさんあるはずだ。医療現場は医療訴訟についてとても敏感になっているし、学校現場はクレーム処理、モンスターペアレント等の保護者対応の問題に頭を悩ませている。そういえば「司法試験合格者を年間三千人」なる政府計画の一翼をになったのは文科省である。文科省は管轄下の学校現場の実態をどう理解し、いかなる対策をとっているのだろうか。地方自治体にも法曹資格者を欲しがる領域があるはずだ。

学校現場との関連で言う。教師は教育の専門家だが、法律には疎い。大人からの苦情対応等に慣れていない。ある中学校教頭は、「学校はサンドバッグ状態です。学校はどうせ何も反論できないと思って、相手は一方的な非難、自分勝手なクレームをくり返し続けます」と嘆き、教師のメンタルヘルスを気にかけていた。他方で、学校は加害者としての体罰問題を抱える。教師の仕事は子ども相手という特殊な職種で、教師と生徒の間にどうしても上下の力関係が発生してしまいやすい。教師がこのことに鈍感だと、いつの間にか生徒に対し不用意な行動をとってしまう。

学校が抱える被害性、あるいは加害性を帯びた状況の対策のひとつに、法律家による支援体制が考えられていいのではないだろうか。トラブルがあってからの弁護士相談でなく、年に一回でも二回でもいい、定期的に弁護士による研修や個別相談を実施し、学校が困ったときに随時相談できる学校現場と弁護士を結びつけるホットラインを設けるといった仕組みを築くといい。矯正の世界には、上級官庁のなかに法律問題を扱う訟務担当の部署があるが、教育委員会に法律の専門家である弁護士を職員として採用することも考えていいと思う。

法律的な感覚や知識に乏しい教師にとって、法律家の話や助言は心強い支えになるとともに、生徒指導や保護者対応に大いに役立つはずだ。今まで大雑把にとらえていたことに、もっと注意を払わなければならないことに気づき、あるいはどう振る舞っていいかわからず立ちすくんでいたことに冷静な対応ができよう。体罰については、文科省から具体的な指針が文書として出ているようだが、法律家からの直接的な助言があれば、体罰についての考え方、また生徒から暴力を受けそうになった場合の身の守り方、クレーマー対応の仕方などがより明確になり、想定されるいろんな場面で採るべき行動を主体的に決定できるようになる。同じ税金を使うならば、真に弁護士を必要とするところで弁護士に活躍してほしいものだ。

註

（1）『非行少年の世界と周辺』高木清著、太陽出版、二〇〇八年

（2）「平成二十三年版犯罪白書」法務省、二〇一二年

（3）裁判で確定した処分。実刑（執行猶予のつかない懲役又は禁固で、刑事施設に収容される）、執行猶予（執行猶予が付された懲役又は禁固で、刑事施設には収容されない）、罰金がある。

（4）一九七一年に暴力による革命を目指し結成された急進団体。群馬県妙義山山岳アジトで仲間のメンバー十四人を「反共産主義化」などを理由に総括しリンチ殺害した。

（5）少年鑑別所が一般市民や公私の団体から依頼を受けて行う鑑別や相談。その内容は非行のほか性格、しつけ、生徒指導、職業適性等多岐にわたる。

（6）「少年法十条」刑事事件の弁護人に当たる。弁護士でなくても付添人になれるが、実際には弁護士が付添人になることがほとんどである。

家庭のこと

家庭とは

子どもは家庭のなかで育ち、思春期に入っている今も現在進行形で家庭の影響を受け続けている。人間理解には、生まれ育った環境を知ることが重要だが、それは学校教育の生徒指導にも通じる。長らく続いている家庭訪問にも、家庭のことを少しでも知っておきたいという意味合いがあるのだろう。本章では、非行から見えてくる「家庭なるもの」を論じたい。

非行少年と面接を重ねれば重ねるほど、彼らの背景に潜む家庭の問題が浮き上がってくる。統計を見ると、少年鑑別所に入所する非行少年と一般青少年の非実父母率は高い有意差を示す。両親がそろっていても親同士の心が離れ、家庭として機能していない事例も数多い。親の無責任で身勝手な行動に翻弄され、戸惑い傷つきゆがんでいく少年は少なくない。非行犯罪性が進んだ少年ほど家庭に恵まれていない。

両親が離婚し放ったらかしにされている少年、物心両面でゆとりを欠いた環境のなかで荒んでいった少年、母親の内縁関係の男性から暴力や虐待を受けた少年、甘やかされながら実は両親の仲の悪さに傷ついている少年。少年鑑別所にはこうした気の毒な境遇の少年が次々と入ってくる。家庭がギクシャクしていれば、一番先にその影響を受け犠牲になるのはほかでもない、子どもたちである。

現場の第一線で非行少年と対峙していると、これでもかこれでもかというくらい、家庭の根深い問題を見せつけられる。家庭が悪ければ悪いほど、非行少年の問題性は重篤で厄介になる。受け容れてくれる人がいない、居場所がない環境は非行化を促しやすい。

人は意識する、しないにかかわらず自然と家庭の影響を受ける。非行少年のなかには、親に問題があってもそのことを口にしない者がいる。能天気で家庭のことで悩んでいるふうに見えない者がいる。しかし親から生まれ落ち、その家庭のなかで自分が存在する事実から逃れることはできない。非行少年はしばしば悩まないといわれるが、本当は、現実から目をそむけることで自我の安定を図っているのかもしれない。

人間は生まれたときはひとりで歩くこともしゃべることもできない。親の保護なしには生きていけない無力な存在からスタートする。他の動物と違い妊娠期間は非常に長く、歩き始め話し出すのに一年あまりかかり、その後も長い間、親の保護を受ける。しつけられ社会的に自立できるのには何年もかかる。ということは、それだけ親から良きにつけ悪しきにつけ強い影響を受けるということである。生まれ落ちてから多感な思春期までの家庭における生活体験は、人格形成や生き方に大きな影響を及ぼす。

赤ん坊の眼は澄んでいる。穢《けが》れていない。赤ん坊の真っ白な心のキャンバスに最初に絵を描くのは親である。そして子どもは成長とともに、親が描いたその絵の上に自分の絵を描いていく。でも、最初に描かれた親の絵はパソコンのように上書きされて完全消去されることはない。本人は記憶から消したつもりでも心の奥底にずっと沈殿し、何かの拍子に親が描いた下絵がにじみ出てくる。子ども時代の体験や感情は心に刷り込まれる。

こうして見ていくと、親は、子どもというひとりの人間の一生を左右する、ものすごい立場にいることがわかる。親にとって子育ては人生の大仕事である。

ひとりぼっちの家族画

少年鑑別所では、少年理解のために種々の心理検査を実施するが、そのうちのひとつに「家族画」というのがある。これは、「家族が何かをしているところを描いてみてください」という教示のもとで、描かれた絵から家庭の状況や家族に対する感情などを分析する、心理検査である。ここでは、傷害事件を起こした十七歳のある少年が描いた家族画をとおして、子どもに及ぼす家庭の影響の大きさを見てみたい。

面接時、少年はぶっきら棒な態度に終始し、家庭のことなど一切しゃべらなかった。しかし、資料から粗暴な行動の裏に愛情依存面の問題が推測されたので、非言語性のツールである家族画を使って内面を探ってみることにした。すると普通の少年なら一枚で終えるところを、少年は何と自ら三枚も描いた。後でわかったことだが、少年は絵を描くことが大好きで、面接のときと打って変わって熱心に描画に取り組んだ。なお、以下に掲載した家族画は、原画をもとにし一定の修正を加えたものであることをつけ加えておく。

家族画①「鏡に映った自分」

「うん？　家族画？」。家族画にもかかわらず家族の姿がない。実は彼は幼いころ両親と生き別れ、親から捨てられた過去を持つ天涯孤独の身の上だった。絵の題を聞くと「家族がいないので、〝鏡に映った自分〟です」と答えた。部屋にある鏡に映った自分を描いたもので、絵にはひとりぼっちの寂しさが漂っている。

家族画②「哺乳瓶を手にした赤ん坊」

二枚目はこれである。読者はこの絵を見てどう思うだろうか。わたしは最初この絵を目にしたとき、額に剃りこみを入れ眉を細くした、いかにもツッパリという外見と、描かれた絵のギャップに驚いた。赤ん坊のころの絵を描くようになんて一切指示していない。少年は自

家族画①　鏡に映った自分

家族画②　哺乳瓶を手にした赤ん坊

家族画③　母に抱かれた赤ん坊

ら「哺乳瓶を手にした赤ん坊の自分」を描いた。

家族画③「母に抱かれた赤ん坊」

内面の物語が次々と誘発され、とうとう三枚目の絵には母親が現われた。「母に抱かれたい」、「母の腕のなかで安心したい」という願望があるのだろうか。ただ顔は描かれていない。母親は少年が幼い頃に蒸発しており、母親の顔が記憶にないため描けないのかもしれない。ひょっとすると母親の愛情を求める一方で、自分を捨てた母親の顔など描きたくないという敵意、恨み、あるいは求めても得られない絶望の感情がはたらいているのかもしれない。

少年は面接のとき親について何も語ろうとしなかった。しかし、この家族画を見れば彼の心に刻み込まれた傷は一目瞭然である。少年は口には出さないが、今も家庭的な愛情・依存面の問題を引きずっている。

描画ついでに、幼いころ父親が蒸発し、母親もほどなく姿を消し親戚をたらい回しにされたという、ある青年の詩を紹介しよう。

ひとつめは、蒸発していた父親が突然迎えに来た五歳のときの出来事。ふたつめは、祖父から叱られ家出していく七歳のときの姿をうたっている。

迎えの父に　戸惑う母と　怒る祖父母
起きてみれば　小さな手に　ハイカラな竹とんぼ　残るのみ

みなしごが叱られし　闇に浮かぶは　あふれる涙
あてどなく　走り続ける　白い裸足《あし》

家庭における情緒安定化と社会化の機能

人格をつくる家庭の機能について整理しておく。家庭には、子どもの愛情依存欲求を満たし情緒を安定させる機能と、しつけを行い社会化を促す機能が求められる。健全な人格の形成にはこの二つがバランスよく機能しなければならない。

前者の情緒安定化の機能とは、母性的な愛情で子どもを無条件に受容し包みこむことによって、愛情、依存、安全、所属、安定といった人間としての基本的な欲求を充たし、人格の土台を形づくる役割を果たす。小さい頃、親からもだれからも愛情を得られないなど、基本的な愛情・依存面の欲求をあまりに享受できないと、将来にわたって厄介なことになってしまう。犯罪の常習累犯者のなかには、こうした不幸な生い立ちのなかで、人間関係を築く上で必要な信頼感や共感性が育まれないまま、悪循環的に人格のゆがみをきたしている者が

図2　非行少年の保護者の養育態度とそれに対する子どもの関係性

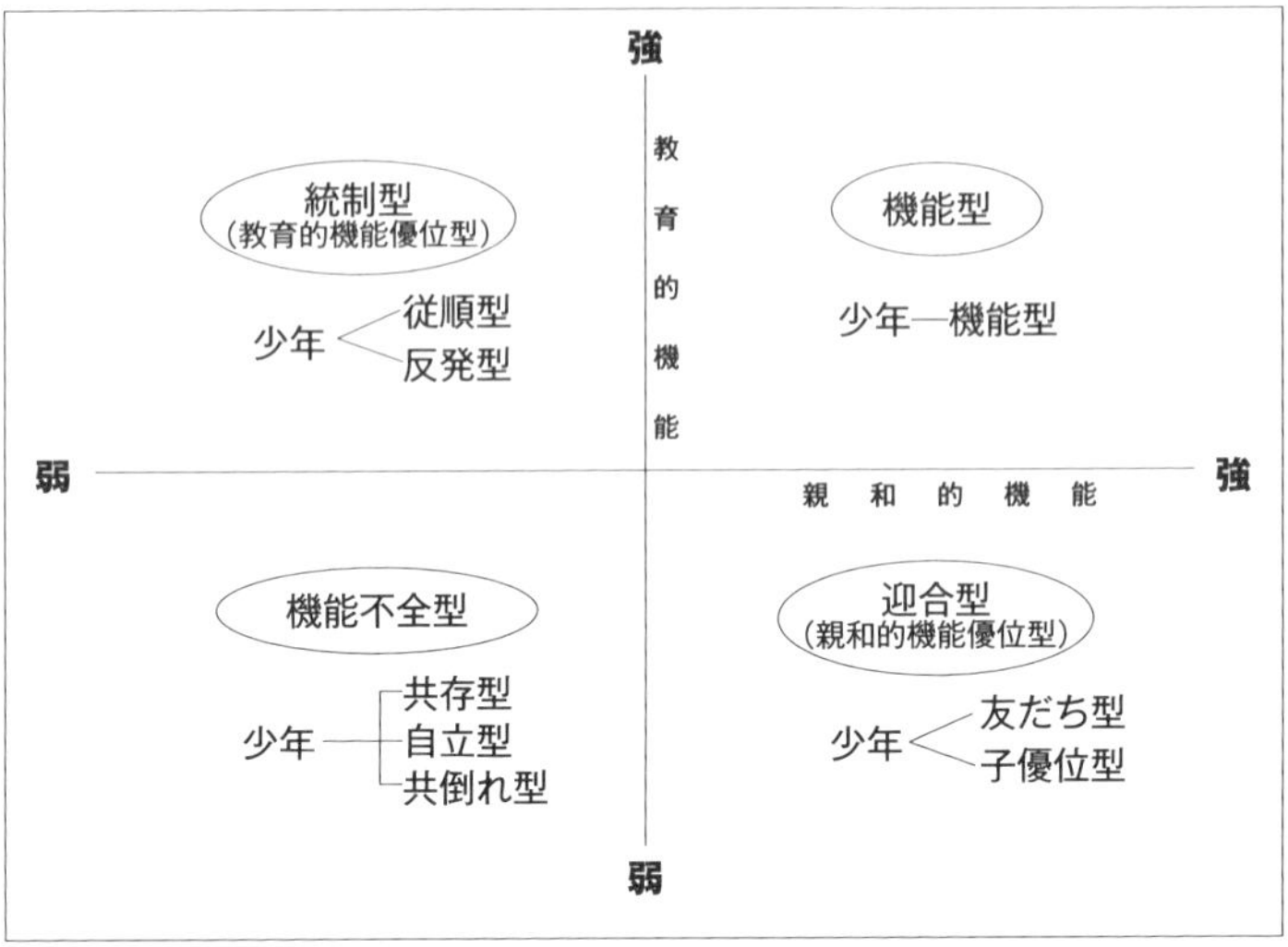

一定の割合で存在する。

後者の社会化の機能とは、社会の一員として通用するための社会性を身につけさせることで、いわばしつけである。その欠落は感情のコントロール力を欠く結果になりやすい。たとえ仲が良い親子関係であっても、甘やかしが過ぎると物事の善し悪しを内面化できなかったり、あるいは親に問題があると、常識はずれの生活観や価値観を取り入れるなど誤った学習をしかねない。

「家庭裁判所月報」に報告されている「非行少年の保護者の養育態度とそれに対する子どもの関係性」[7]は、親子関係をみる上で参考になるので、わたしなりに図2として焼き直し、その概要を紹介しておく。

機能不全型
親の役割がまったく果たせない保護者の場合である。

共存型：子どもが保護者を助け、カバーしようとする場合である。保護者は、経済的困窮や精神疾患その他の事情によって、自律的判断力、問題対処能力が不足しているため余裕がなく、現実から逃避的である。子どもは頼りない保護者を助けようとし、親子の立場が逆転した状態になっている。子どもは、本来自分が受けたい愛情依存を保護者に向けることで、保護者の関心を引こうとしている場合がある。

自立型：保護者は子どもを抱えることに不安があり、暴力的、拒否的で、子どもはそうした保護者を頼れず自立せざるを得ない場合である。子どもは必要な依存心が満たされていない。内に強い孤独感を抱えているが、それを素直に表せなくなっており、いきおい自立を指向せざるを得ない。

共倒れ型：保護者の精神的な未熟さ、不安の強さ、非常識さ、問題対処能力不足などから親の役割を果たせていない場合である。保護者の権威は失墜しており、子どもが社会規範を学ぶべき基盤が機能しなくなっている。家庭で身につけるべき相互的な感情交流も期待できない。子どもは保護者を嫌ったり軽視している。しかし一方で、保護者に疑問を抱きながら愛着を示す場合もある。

迎合型

保護者の教育的機能が弱く、保護者は親としての立場に立てない。

友だち型：親子間は親和的で、友達のように接している。しかし保護者は自律的判断力に乏しく、そもそも問題意識に乏しい場合があるほか、子どもを善導する力が弱く、子どものたいていの要求を受け入れ甘い。子どもは放縦である。小さい頃は教育的に関わっていたが、子どもの反抗にあって戸惑い、親のあり方に自信を喪失している場合がある。

子優位型：保護者は不安が強く、子どもとの対立を恐れるあまり子どもの言いなりである。あるいは、保護者が子どもの気持ちを先取りして庇護的に振舞ってしまい、子どもも保護者の助力をあてにしあたり前と感じるなど、子どものわがままを助長することになっている。

統制型

従順型：保護者はきわめて自己中心的、支配的であり、子どもは従順にならざるを得ない。共感性に欠け、コミュニケーション能力が低く、冷たく拒否的。要求水準が高く、体罰も辞さない保護者などである。夫婦関係の不和など、保護者自身が何らかの未解決な問題を抱えている場合もある。他者との心理的な距離が近くなると自分が脅かされるような不安を覚え、親密な関係を保てず、子どもにも拒否的、攻撃的に振舞ってしまう場合もある。

反発型：支配的、拒否的な言動をとる保護者に、少年が反発する場合である。腕力で少年が保護者に勝るようになって、親子の立場が逆転し少年が反発するようになる。両親に問題が見られることが多く、子どもとの関わりが希薄で、少年はかまってもらえない寂しさを内在させていることも多い。母の内縁関係の男性や義父から虐待を受けていた過去を持つ事例などもある。

機能型

親和的機能及び教育的機能がバランスよく発揮されているが、何らかの事情でこれらの機能が弱まった場合である。子どもがおかしくなったころの経緯、事情を把握する必要がある。家族の病気、保護者の仕事上の行き詰まりなど、一時的に保護者が関心を子どもに振り向けられなくなっていたことなどが考えられる。

非行を出さない家庭とは

「平成二十三年版犯罪白書」をめくっていたところ、ある図表が目にとまった。その図表は「家庭内暴力認知件数」の急増ぶりを示し、「平成のはじめのころは七〇〇件、八〇〇件前後で推移していたが、平成十二年に急増。以後千件を超え、平成二十二年は一四八四件に上っている。加害者として最も高い比率を占めるのが〝中学生〟。被害対象は人、モノに及び、一番多いのは母親で六〇パーセントを占める」という報告だった。

以下は、以前、小・中学生の子どもを持つ親御さん相手に、「非行を出さない家庭とは」という題で講演したものをまとめたものである。内容はあたり前のようだが、いざ実行となると、これがなかなか難しい。上記の家庭内暴力をふくめ、親子のボタンの掛け違い防止に役立つのではないかと思い掲載した。失敗から学ぶという意味で、実際の非行鑑別から導き出した、家庭教育上心がけたいと思うことである。

ちなみに、ここで挙げたような問題があるからといって、みなが非行に走るというものではない。家庭に問題があっても、それをカバーできるものがあれば問題にならずに済んでしまう。逆に、家庭に問題が見当たらなくても、ほかの問題や条件が加わると、非行化する場合もある。非行というものは、さまざまな要因が重なって起きる。

「うちの子に限って非行なんて」と思う方もおられるだろうが、参考までに読んでいただきたい。

夫婦は仲良く

夫婦仲が良く家庭円満であることは、子どもを育てる上で基本のきである。子どもの非行化には、夫婦不和が関係している場合が少なくない。

夫婦仲が悪くいがみあっていると、親はそのことにエネルギーをとられ、子どものことを放ったらかしにしてしまう。なかには子どもを味方につけようと金銭を与え、過度に甘やかす親もいるが、子どもに良い影響を与えるはずがない。子どもは、互いに口もきかない、けんかばかりしている両親の姿を見て深く傷つき、「この家はいつか壊れはしないか」と不安に襲われる。落ち着けるはずの家庭が不安をもたらす場所になり、勉強にも集中して取り組めなくなる。行動は不安定になり、やり場のない感情を紛らわすために、夜遊び、家出、不良交友などが生じやすくなる。

夫婦仲が良く、家庭に温かい雰囲気があれば、たとえ多少の問題行動を起こしたとしても、子どもは我が家の温かいぬくもりを思い浮かべ、いずれ家庭に帰ってくるものだ。

褒めるときは褒める、叱るときは叱る－子どもの言いなりにならない

残念ながら今は、世のなか全体が、「叱る」ことができにくい雰囲気になっている。街で傍若無人な振る舞いをしている子どもの姿を見ても、へたに注意すると親から苦情反発を受けるかもしれないと面倒を恐れ、見て見ぬふりをする。こうした環境で育った子どもは、注意されたり叱られる経験をしないまま、身勝手な権利意識ばかり膨らませ、常識のない大人

に育っていく。

いつぞやテレビで、「現代うつ病が増えている」という題の番組が報じられていた。職場の上司が若手社員を仕事上のことで注意したところ、その社員は会社を休み始め、数日たって「うつ状態」という診断書が届いたそうである。上司は心配になって会社の寮に行ってみると、当人は不在。実はカラオケに行っていたということで、唖然とさせられたという内容だった。

ゲストの精神科医は、「叱られたことをきっかけに陥る現代うつ病は、小さいころから叱られた経験などなく甘やかされて育ったために、耐える力がない人がかかりやすい。自分の問題に目が向かず、注意した人間を〝理解がない〟といって非難する。被害意識が強いのが特徴」とコメントしていたが、わたしには単なる根性なしにしか見えなかった。生真面目さや責任感の強さが関係しやすい本物の「うつ」の人には迷惑な話である。

実は親にとって、一番エネルギーを使わなくてすむ楽な子育ては、「叱ることをしない」、「子どものいいなり」になることである。ある心理学者は、「子どもを駄目にする方法は、何でも買い与え、言うとおりにしてやることだ」と断言している。子どもの要求をすべて受け入れることはせず、「だめなものはだめ」とはっきり言わなければならない。子どもをこちらに振り向かせようと、子どものいいなりになったり、子どもの機嫌をとろうとモノで釣るようなことも、絶対してはいけない。子ども可愛さに何でもしてあげることは、わがままで、我慢することを知らない人間をつくるだけである。

親というものは、子どもが社会人として通用するようにしつける義務と責任がある。勝手気ままにさせておけば、子どもは自分勝手が許されると思い増長していくだけだ。しつけという漢字が示すように、しつけ（躾）とは「身」を「美」しくする作業である。

まずは親が自分の子どもに対し、「悪いことは悪い。良いことは良い」、「だめなものはだめ」と明確なメッセージを発さなければならない。いけないことをしたらタイミングを逸することなく、その場で厳しく注意し、善悪の区別を心に刷り込むことだ。

叱る話ばかりしているようだが、もちろん子育ては叱るばかりではいけない。褒めて育てるという姿勢を基本にしながらの話である。その子の性質によって違うと思うが、褒める八割、叱る二割くらいがいいと言う人もいる。子どもでも大人でも、人間、褒められればうれしいものだ。賞讃に値することをすれば、惜しみなく褒めよう。賞讃は、「自分はやれる」という自己効力感や意欲を引き出してくれる。

「褒めるときは褒める。叱るときは叱る。良いこと、悪いことの区別。子どもの言いなりにならない」

こうした子育ての積み重ねが、子どもの忍耐力、自信、主体性、規範意識、社会性を養うことにつながる。

子どもに好かれるより尊敬される親に

街を歩いていると、お母さんがケータイ片手に車を運転していたり、家庭ではお父さんであろう中年男性が、車の窓からたばこの吸いがらをポイと捨てる場面を目にする。

彼らは注意されると、おそらく「なぜ注意されるのかわからない」という感じできょとんとするか、あるいは自分に非があるにもかかわらず、鬼のような形相で相手をにらみつけるのだろう。まあ今は、周囲も面倒を恐れ注意する人もほとんどいないだろうが。

日常のささいなマナー違反（実は法令違反）の風景のようだが、しかしこれがあたり前になって社会を覆い尽くすと、ささいな問題と片づけられなくなる。犯罪と隣り合わせのモラルの崩壊である。子どもは大人の普段の生活ぶりを見てまねをしていくものだ。子どものモデルでなければならないはずの大人が、こんな自分勝手な行動をとっていては、子どもの将来、日本の未来は思いやられる。

大人は自分が子どもだったときのことを忘れてしまっているかもしれないが、子どもというものは親の行動を見ていないようで、しっかり見ている。まずは親が、自分の行動を律さなければならない。親は子どもから見られている意識を持ち、恥ずかしくない言動をとらなければならない。

ちなみに非行少年のお父さんは、「働く」ということに問題を持っている人が少なくない。

やはり生活していくには、ある程度の収入が必要であり、家庭の安定は経済的な基盤がないと難しいのが現実である。べつに、父親はたくさんのお金を稼ぐべきだと言っているのではない。大事なことは、父親がまじめに働く姿を子どもに見せ、安心感を与えることだ。大人として良きモデルを示すことに大きな意味がある。お母さんの方も、家事ひとつせず家は散らかしっぱなし、手料理なんてしたことがないというのでは母親失格である。きちんとした生活に価値を見出していくかまえを持つ子どもは、だらしない母親からは育たない。

誠実に生きる親の後ろ姿を見せることができて、親は子どもから尊敬され、親の権威が高まっていく。自分たちがいい加減なことをしていて、子どもに偉そうなことを言っても何の説得力もない。子どもは、親の普段の言動、生き方を見ながら自然とそれを取り入れていくものだからである。

自分は子どもから尊敬されていると思えるかどうか？　実際尊敬されているかどうか？子どもの言いなりになることで好かれようとするのではなく、子どもから尊敬される親になってほしい。

暴力は百害あって一利なし

粗暴な非行少年を見ると、父親あるいは継父から暴力や虐待を受けた過去を背負っていることが少なからずある。

ある非行少年の母親と面接したところ、当時の父親の暴力について、「しつけなんてものじゃなかった。自分の感情だけで、常軌を逸した暴力以外の何ものでもなかった。子どもはただ怯えるだけで、でもわたしには止められなかった」と涙ぐみながら当時のことを語っていた。被害者だった子どもは大きくなるにつれ、次第に父親の粗暴な振る舞いを取り入れ、自分が加害者になっていった。力づくで自分の言い分を通そうとし、人を支配しようとするようになった。

感情にまかせた暴力はしつけとは程遠いもので、子どもの心をゆがませるだけである。

あいさつや団らんの場をいつまでも大切に

「おはよう」、「いただきます」、「行ってきます」、「ただいま」、「お帰り」、「ありがとう」など暮らしのなかで交わすあいさつ言葉があるが、みなさんは家庭で、どの程度あいさつを交わしているだろうか。

概して子どもが小さいときはあいさつをするものだが、子どもが大きくなるにつれ、親も子もあいさつをしなくなってゆく。そして、いったんあいさつをしなくなると、今度は言おうと思ってもなかなか言いづらくなる。子どもが中学生くらいになると、親子の会話は少なくなりがちで、それは発達上仕方ないところだが、あいさつだけは交わす習慣をつけておきたいものである。

親子のコミュニケーションについて言えば、普段から心がけることとして、一家団欒の場を持つことが挙げられる。ある調査研究によれば、「一家団欒のない家庭と子どもの反社会的な行動との間には、高い相関関係がある」という実証結果が報告されている。もちろん、さまざまな事情で一緒に食事をとれない家庭もあると思うが、週に一回、あるいは数か月に一回でもいいので、家族でテーブルを囲んでほしい。要は、親が一家団欒の場を努めて設ける姿勢を持つことが大事なのである。一緒に食事ができるときは、母親の手作り料理があると良い。子どもが手伝えば、「ありがとう」とことばをかける。子どもにとって、家事を手伝い親から褒められると、家庭の役に立った、自分は家族の一員という安心感を持つことができ、自己効力感が育てられる。

食事の時は家族皆が「いただきます」、「ごちそうさま」。そしてもう一言、食事をつくってくれた母親に向って「おいしかった」と言おう。食事をつくる母親は張り合いが出るし、家族に笑顔が増え、雰囲気がぐんと良くなる。親子の会話やコミュニケーションは、こうした日常の積み重ねから始まる。

あいさつはただの一言ではない。人の心を穏やかにし家族の絆を深めてくれる。社会人になれば、あいさつは親和的な人間関係をつくる大切なマナーである。わたしは少年鑑別所での授業で、生きる力のひとつになる「あいさつの重要性」を非行少年たちに口すっぱく説いている。

子どもの成長から目をそらさない

子どもも中学生ぐらいになると、親のことはそっちのけで、友だちとのつき合いが中心になっていく。こうした親離れは発達上当然のことで、むしろ望ましいことである。でも、だからといって、親から関心をもたれなくなることには、子どもは敏感である。親のことなんかどうでもいいように見えても、実はそうではないのだ。子どもに手がかからなくなったといって、親が浮気をしたりギャンブルに現《うつつ》を抜かしたりしていると、子どもはしっかり見ている。

子どもが大きくなっても、遠くからでも温かいまなざしを送ることを忘れてはならない。愛情と関心を持ち続けることが大切なのである。

わたしは趣味で野菜作りをしているが、この野菜作りは、子育てと非常に似通っている。少し乾燥したといっては水をしょっちゅうやっていると、作物は渇きに耐える力が養われず、癖になってすぐ水をほしがるようになる。そしてやり過ぎると根ぐされを起こしてしまう。また小さい苗のときに大きくしようと肥料をやりすぎると、養分を吸収しきれないまま、肥料やけといって、枯れたり、あるいは葉っぱばかり大きくなって実がつかなくなる。

水を欲しがっていても我慢させる、ときにはあえて根を切って苛酷な環境に置くことで、野菜が本来持っているたくましさを引き出し、そしておいしい立派な実をならすことができる。人間も一緒である。甘やかすばかりだとろくな人間にはならない。

かと言って、放ったらかしということでは決してない。この間、発育成長の具合を毎日観察し見守っておくことが大切である。毎日しっかり観察していないと、害虫が来ても気がつかない。病気にかかってもわからない。害虫がいれば駆除し、病気になれば農薬を使う。そして成長の具合を見つつ必要最低限の肥料を与えていく。まさに子育てと同じである。

「親」という漢字は「木の上に立って見る」と書く。まさにそのようにありたいものだ。

良い子の非行

鑑別所には、時おり社会的地位のある親を持ち、能力的にも比較的恵まれた少年が入ってくる。子どものころは、親から「良い子」として見なされてきた少年である。

親というものは我が子が可愛く、期待と希望を持つものだ。しかし残念ながら、親の思い通りに子どもが育つなんて、奇跡みたいなものと思っていたほうがいい。いくら親のＤＮＡを受け継いでいるといっても、同じ人間ではない、別人格だからだ。

親の期待と子どもの現実の間に差が生じることは、稀ではない。教育熱心な親は、「なぜこんな簡単なことがわからないの？」、「少しは勉強したら」などと子どもに苛立ち、不満に思うことは一度や二度ではないだろう。しかし、徐々に「しょうがないか。わたしの子どもだからこんなものかな」などと自分を納得させていく。そして、要求水準を引き下げながら、親の思い通りに行かない現実を受け入れ、そのときから親子関係も新たな展開が始まり、子どもは自立の道を歩んでいくのである。

ところがなかには、現実を見つめられない、受け入れられない親がいる。〃良い子〃が起こす衝撃的な重大事件には、硬直した親の態度が見られることがある。

「わたしが社会的に成功したのだから、子どもにも自分と同じ道をたどらせよう」という、親のひとりよがりな価値観や信念を子どもに押しつけているのである。親は子どもに良かれと思っていても、実は親が気に入らない部分を切り捨て、子どもに一方的な要求をしてしまっているのだ。社会的な成功を収めている親ほど陥りやすい罠である。親から好かれよう、親の期待に応えようと健気に努力するのが子どもというものだ。親は、そんな子どもを見て「頑張ればできる」と思い込み、子どもの能力や個性を客観視できず、親が作り上げた鋳型に子どもをはめ込んでいく。

しかし現実は親の思い通りには行かない。これは学業はむろんスポーツにもあてはまることだが、小学生のころはトップクラスでも、中学生、高校生になれば、自分よりできる人間がどんどん現れてくる。高いレベルの競争にさらされ、以前のような成績を残すことができなくなる。親が叱咤激励《しったげきれい》すればするほど、子どもは自分の駄目さを痛感し、悪循環的に自信を失っていく。やがて挫折感とともに、これまで親の要求のままで動いてきた自分を疑問視するようになり、自分を丸ごと受け入れてくれなかった親に、不満や反発を持つようになっていく。そして親子関係ははじけ、やり場のない感情が怒りや激しい暴力となって親に向けられる。親の価値観や鋳型を一方的に押しつけてきたツケが、悲劇的な結末をもたらすのである。

子どもに期待するなというのではなく、親は、子どもに対しても自分に対しても、客観的な眼を持つべきであるということだ。人間は、自分が送ってきた人生を通じて、自分の価値観や信念を築いていくが、それはしょせん当人の狭い個人的な体験にもとづいてつくり上げたものであり、誰にでも社会のどこにでも適用できるものではない。そう考えれば、親の価値観を子どもに押しつける不合理さと不条理さは明白というものだ。

親の職業や生き方と異なる人間が家族から出るということは、親としては、子どもを通じて間接的にでも別世界を知ることになる。それは自分自身の視野が拡がることでもあり、楽しむべきことではないだろうか。

子どもの精神発達には、畏敬する親とは違う生き方を選択することで、親の壁を乗り越え〝自立〟を獲得し成長する場合がある。違いを認める姿勢や価値観は、子育てをはじめ人間社会において、とても大切なことである。

できの悪い子ども？

小さいときの子どもは、親から好かれたいと願っている。ところが親のほうは、自分が子どもだったころのことを忘れ、子どもを傷つけることばを平気で投げかけている場合がある。

「あなたって駄目な子ね」、「お姉ちゃんに比べて何もできないんだから」と、親にしてみれば何気ない一言のつもりが、「私は要らない子」、「生まれてこなければよかった」といった自己否定的な感情を引き起こし、子どもの反発を買い、心のあり方に悪い影響を及ぼしてしまう。

恐喝傷害事件をくり返し、周囲から「何をするかわからない奴」と怖れられていた非行少年を担当したことがあるが、彼は、小さい頃からことあるごとに母親から姉と比較され、「駄目な子」、「男らしくしなさい」と言われ続けていた。中学二年ごろから母親に暴言、暴力をふるうようになり、学校では肩で風を切るようになった。しかし、強がりの裏には自信のなさを抱え、ちょっとストレスが加わるとすぐに辛抱をなくし、努力を放り出していた。彼の不安定な人格やすぐキレる行動には、親から丸ごと受け入れてもらえなかった生い立ちが深く関係していた。

非行臨床の場で痛感することがある。それは、非行少年は、人から受容され認められた生活体験がとても少ないという事実だ。

まわりの支えと励ましがあれば、「自分は見捨てられていない」、「自分は大丈夫だ」という自信を持つことができ、物事に対し「頑張るぞ」というやる気が湧いてくる。少しぐらいうまく行かなくても立ち直ることができ、困難を乗り越えられる。こうした前向きな気持ちが逸脱を抑制し、悪に対する抵抗力を養う。

物事には必ず裏表があり、良いことばかりではない。でも悪いことばかりでもない。長所と思っていたことが思わぬ墓穴を掘ることもあるし、短所と思っていたことが周囲の環境とうまくマッチし、プラスとなって展開する場合もある。

最近、発達障害を持つある高校生の話を聞いた。引率の先生に連れられ、地元の祭りに行ったそうだが、この間、彼はずっとソフトバンクホークスの小久保選手の話をしていたそうだ。まわりが彼の話を聞いているかどうかもまったくおかまいなしに、二時間もの間である。場の空気を読めないというか、ところが、たまたまこの光景を見ていたすし屋のお女将さんから、「うちの店の昼食の呼び込みのアルバイトをやってもらえないか」という依頼があったという。周囲は突然の勧誘に驚き、同時に不安だったそうだが、彼は得意のマイペースで、みごと約束の三日間を勤め上げた。彼は生まれて初めてアルバイト料をもらって大喜び。母親はそんな我が子を見ながら、「この子だって人の役に立つんだ」と、大感激だったそうである。ひとつのことを飽きることなく続ける彼の特性が、求められる役割にぴたっとはまった例である。

少々成績が悪いからといって「できが悪い」と嘆き、否定するのが一番良くない。子どもを本当にだめにしてしまう。大切なのは、肯定的な眼で見守ること。ひとつの物差しや価値観で子どもを決めつけないこと。世のなか、なにが幸いするかわからない。親が支えずして誰が支えるのだろうか。

口下手でも聞き上手に、不細工でも愛嬌で、勉強が苦手でも生きる知恵を身につければ、それでオーケイなのだから。

たっぷり愛し、しつけ、手放す

家庭には二つの重要な機能がある。ひとつは愛情を注ぎ情緒を安定化させる機能、ふたつめは社会人として人間として通用するために行うしつけ、社会化の機能である。そして実はもうひとつ、親離れ、子離れという子どもの自立に関わる「手放す」という作業が残っている。

母親というものは、自分の腹を痛めて生んだ、まさに身を削って生んだ分身だけに、子どもが自分の手元から離れていくことには寂しさを覚えるだろう。でも、この感情にいつまでもとらわれていると、子どもの自立心を妨げかねない。

たっぷり愛し、きちんとしたしつけを行い、自然と子どもを手放すことができる。これが子育ての最高の形なのである。

註

（7）「保護者に対する措置を意識した保護者調査のあり方について」（「家庭裁判所月報」最高裁判所事務總局家庭局、二〇〇八年一月第六〇巻第一号）

ぐれている君たちへ

授業

学校という保護された空間からはじき出された非行少年たちは、一体これからどう生きていけばいいのだろうか?

西も東もわからないまま十六、七歳の年齢で社会の荒波に放り出された彼らには、厳しい生活が待ち受けている。社会性も生活力も身についていない今のままでは、また悪の道に逆戻りし、いよいよ底なし沼にはまり込んでいくかもしれない。こうした彼らの現実を前にすると、鑑別所にいる短い間でも、「彼らが少しでもうまく生きていくために、周囲の大人が何かできることはないだろうか」と思ってしまう。物事を深く考えない、地道な努力をしない、本当の自信や主体性が育っていない、学歴がない、知識も常識もない、口下手、家庭環境に恵まれないなど、ないない尽くしの彼らに、将来に役立つことをひとつでもしてあげられないかとの思いに駆られる。

　本章では、わたしが外部講師の身分で鑑別所で行っていたときの「世のなかについて」の授業をもとに述べていきたい。学校や家庭で教えてもらえなかった、あるいは教えてもらっていたとしても実感できないまま素通りしてしまった、彼らが社会で生きていく上で、とりあえず心得てほしいことである。

　実際の授業では少年たちが退屈しないよう、聴く、話す、身体を動かす、見る、書く場面を努めて取り入れている。対象は十六、七歳の少年が一番多く、ときどき中学生も混じっていた。年端も行かない若いうちから、社会に出ていかざるを得なくなった非行少年へのメッセージである。

大海原の漂流者

　彼らが置かれている厳しい現実を自覚してもらうために、わたしはまず、進学率についての話を始めるようにしている。

　今の高校進学率は九八パーセントにのぼる。もちろん進学しても中退する人がいるので、高卒の学歴の人はそれから数パーセント比率が落ちるだろうが、それでも中卒と高校中退の学歴の人は合わせて十人にひとり、およそ一割と考えたほうがいい。彼らは学歴のない一割のなかのひとり。社会ではまさに少数派だ。

正直言って今のご時世、中学卒業や高校中退の学歴で、しかも年端も行かない彼らを右から左へと雇ってくれるような職場は皆無と言っていい。なかには働いている人もいるだろうが、おそらく知り合いつながりで働くようになった人がほとんどではないかと思う。ハローワークに来ている採用条件に年齢・学歴不問とあっても、実際は十八歳以上で高卒の学歴がないと、なかなか声がかからない。就職活動をしたことがある少年は、こうした現実を身にしみて感じているはずだ。

以前、ハローワークに「中卒、高校中退の人を雇う求人はないでしょうか」と尋ねたことがある。そのときハローワークの職員から返ってきたのは、「以前会社訪問をして頑張ったことがあるが、当の本人にやる気が見られなかった。せっかく採用されても、職場でちょっと嫌なことがあるとすぐに休んで辞めてしまう。これでは会社は採用しなくなる。彼らには働くという意味が理解できていない」という返事だった。

学校というレールから外れた彼らが置かれている現実は厳しい。もし「学校に行かずに済むし気楽」なんて能天気なことを思っていたら、とんでもない勘違いである。これからの彼らには、学校に行っている同級生よりもずっと厳しい現実が待ち受けている。社会で生き抜くために、待ったなしの、自分の力で道を切り開く強い意志と努力が求められるのだ。

「同級生はまだ学校に行っているし、俺だけまじめに働くのは馬鹿らしい」、「若いうちに遊ばなくていつ遊ぶの」などとうそぶいていると、あっという間に坂道を転げ落ちてしまう。学校にも行かず仕事もしないでぶらぶらした生活を続けていると、ろくなことにならない。

さてつぎに、わたしは、彼らが置かれた立場を表したイラストをみせる。視覚化すると話の内容を理解しやすいからだ。

彼らはこの絵のように（図参照）、大海原に放り出された漂流者である。学校という安全な船から下りて、まるでぷかぷかと漂っている木の葉のようだ。ただでさえ泳ぐ力が育っていないのに、目指す目標もなくどっちに向かって泳げばいいのかわからない。このままではやがて溺れてしまうか、鮫から食われてしまう（イラストの鮫は悪い大人を表している）。現実社会では、中卒の不良少年など、悪い大人からいいように利用されてしまうのがオチである。「高校」という船に乗っている同級生は、仲間たちと一緒に安全な方向に導いてもらえる。同級生たちはそのうち十八歳、二十歳と年齢を重ねるうち、自然と知恵も社会性も身についてくるが、中卒の彼らは十六、七歳の年齢で、自分の力でこの荒波を泳ぎ乗り越えていかなければならない。

このような話をすると、話をきいてる少年たちは、みな黙りこくり重い表情になる。彼らにはおもしろくない話なのは承知の上である。しかし、人間は不都合なことから目をそむけ、目先の楽しいことに身を任せる悪い癖がある。結果的に、問題解決を先送りにし手遅れになってしまう。だからこそ、あえてこういう厳しい現実の話をするのである。

大海原に放り出された漂流者

やり直すためには、まずは置かれている現実を直視すること。失敗したからといって挫けたらおしまいだ。若いうちから苦労し社会でもまれた人間ほど、味のある芯が通った人間になるものだ。彼らには、現実を見据えながら、挫けることなく生き抜くために、学歴に代るたくましさや知恵、社会性を身につけていってほしい。自分なりの生きる道を見つけ出していってほしい。

「学歴より学力を」ということばを聞いたことがないだろうか。「学歴より人間の中身」と考えればいい。「学歴のなさをカバーする、学歴に代る身につけるべきこと」について、考えてほしい。

おちこぼれとは

「俺は頭が悪い」、「どうせおちこぼれ」と捨てばちな発言をする少年は少なくない。そこには「だからどんな勝手なことをしてもいい」といった甘えやひねくれが見られる。現状を変えようという前向きな気持ちがない。はじめから努力をあきらめ、楽なほうに逃げてしまっているのだ。実は、この姿勢がおちこぼれの一番の原因だ。「自分はおちこぼれ」と決めつけたときから、人生の落伍者になっていく。

そもそも、「おちこぼれ」とは何なのだろうか。頭が悪いということ？　では、頭が良いとか悪いとかは、一体どんなことをいうのだろうか。学校の成績が悪ければ頭が悪く、学校の成績が悪ければおちこぼれになるのだろうか。

土台、人間の能力とは単なるテストの出来、不出来だけでは測れないものだ。学校の成績が悪いくらいで、自分はダメだと思い込み、いじけるなんて愚かしいことである。学校の成績が良くても社会人としてダメな人もいる。私は、有名大学卒でエリートと言われていた人が犯罪を犯し、刑務所に入っている姿を何人も見てきた。一方で、学校の成績が悪く大学を出ていなくても、社会で立派に成功している人もたくさん見てきた。

鑑別所の授業では、「社会に出たら俺は違う。皆を見返してやる」というくらいの強い気持ちを持って欲しい、といつも伝えている。そうじゃないと、彼らは「どうせダメな自分」にすぐになってしまうのだ。世のなかは学校の成績だけでない。でも負けん気がないとだめだ。社会では進む領域によって求められる能力がいろいろ違う。さまざまな知恵、特技、対人関係力、体力、社会性が求められる場がある。

しかし、「勉強なんかどうでもいい」ということでは決してない。勉強は必要である。何の努力もなしに果実が得られるなんて、そんなうまい話はこの世のなかにはない。あったらこちらが教えてほしいくらいだ。努力なしの立ち直りなんていうものは、あり得ない。

彼らはこれから学歴がない分、学歴に代るものを身につける必要が出てくる。これからの彼らは、高校に行っている、あるいは大学に進学するかもしれない同級生の、二倍も三倍もの努力と苦労を強いられる。今までいい加減にやってきたツケが回ってきたと思った方がいい。でも、結果的に自らが選んだ道だ。強い覚悟がないと、本当のおちこぼれになってしまう。

学歴に代るもの

「俺は働くから勉強はしなくていい。社会に出れば学校の勉強なんか役に立たない」とうそぶく中学生、高校生がいるが、とんでもない。数学でも国語でも中学校での知識は社会に出るとよく使う。読み、書き、計算の能力は職場ではあたり前に求められるし、仕事をする上では、数学のように筋道を立てて考える力が必要になるのだ（働いた経験がある少年は、ここで大抵うなずく）。

社会では、知識も常識もない人間は軽く見られ、いいように利用されるのが常である。わたしは保護司をしているが、あるとき、担当していた保護観察中の少年が、給料をピンはねされた。建設関係の職場だったが、専務と言われる立場の人間から日当四五〇〇円と言われ就労することにしたのだが、給料日に渡された封筒には七万円しか入っていなかったのだ。給料明細書はなかった。

彼は、「日曜以外、休むことなくまじめに働いた」と言い、正確な出勤日数はメモしていないものの、彼の計算によれば「十万円はもらえるはず」だった。でも雇ってもらっているし、普段は特にいやな目にあったわけではないので、そのまま黙って働き続けた。翌月の給料日でも同じだった。

少年の父親は頼りにならない人で、ことの解決に動ける人ではなく、私のほうから会社に掛け合おうかとも思ったが、結局「そんな会社は辞めたほうが良いだろう」という話になり、ほどなく少年はその会社を辞めた。

この事件を通して思ったのは、少年が言う「日当四五〇〇円」について苦情をいったとしても、もし雇い主側が「そんな金額を示した覚えはない。見習い中なので三五〇〇円」といえば、就業条件などが記載された雇入通知書のような文書をもらっているわけでもないので、苦情は通らない話になる。契約関係がはっきりしないのだ。

こうした労働者を保護するための法律として「労働基準法」があり、その十五条には「使用者は、労働契約の締結に際し、労働者に対して賃金、労働時間その他の労働条件を明示しなければならない。この場合、賃金及び労働時間に関する事項云々については、書面の交付により明示しなければならない」と記されている。

とはいうものの、現実問題として文書を交わさない職場はたくさんある。世のなかのことをほとんど知らない彼らが、大人相手にこうした文書をもらえなくても、なかなか口に出せないだろう。そもそも彼らは「労働基準法」という法律自体を知らない。何となく聞いたことはあったとしても、中身を知らない人がほとんどだろう。世のなかというものは、知らないと損をすることが多いのだ。

学歴がなく年齢も若いからこそ、社会に出たら「自分の身は自分で守る」という意識と気概を持たなければならない。自分の身を守るためには、一定の知識、常識、対人関係能力、社会性を身につけていないと、相手のいいように扱われてしまう。

私が担当したこの少年は、自分の意見をはっきり言えないタイプだった。正直言って、悪い大人から見れば適当にごまかせる少年だったと思う。雇い主はこの少年を値踏みしていいように使っていたのだろう。人間誰しも、相手がしっかりしていれば下手なことはしないものだ。

世のなかには良い人もいるが悪い人もいる。残念ながらこの人間社会には、相手いかんで対応が変わるいやらしい人間がいる。世のなかで生きていくためには、人から見くびられない、軽んじられないものを身につける必要がある。社会で生きぬくためには大事なことだ。

では、軽く見られないためにはどうすればいいだろうか。この質問をすると「見た目」と答える少年が多い。見た目。たしかにその通りだ。それでは、その「見た目」を良くするためには、具体的にどうすればいいのか。

人から軽んじられるか軽んじられないかを決定づけるのは、その人のことば、仕草、振舞い、雰囲気である。「なんだ、こいつはあいさつひとつできないのか。ざっとしていい加減な奴。世のなかのことは何も知らない。人の言いなりになりそうな奴」と思われないことである。

では、「若いが見どころがありそう」と感じさせるには何が必要だろうか？　あいさつの仕方、話の聞き方、話し方、人との接し方、態度など、年は若くてもある程度の社会的な対応ができ、素直さ、てきぱきした動き、やる気が見えれば、まわりは肯定的な評価を下す。

会社の採用試験では、もちろん職種によって評定の内容や基準は変わるが、一般的に性格的な積極性、協調性、情緒の安定などを見るほか、学力知識についてチェックする。学力知識というものは、人物評価にあたってそれ以上ではないが、それ以下でもない。ただ、一定の学力知識は、人間を判断する材料のひとつになる。基礎的な数計算ができない、だれでも知っていそうな漢字を書けなければ、「この人は能力がない」、「仕事もできそうもない」と評価されてしまう。あたり前である。会社は、会社のために役立ちそうなら採用し給料を払う。役立ちそうでなければ採用しないのだ。

学校に行っていなくても、読書やちょっとした数計算をしたりして、恥ずかしくない程度の最低限の学力知識は身につけておいた方がよい。そうでないと、働こうとしても入り口のところではねつけられ相手にされない。世のなかに出て仕事に就くと、学校のときよりも、もっとさまざまな勉強が必要になってくる。幅広い知識や知恵が求められる。

繰り返すようだが、学校で数学や英語の成績が悪かったからといって、おちこぼれ感を持つ必要はない。でも世のなか（職場）は、最低限の知識、ある程度の常識、人と関係を築く能力、行動力などを求めてくる。

生まれ変わる―仕事

個人的な話をすると、私は学校時代の自分が嫌だった。継父とうまく行かず、このままでは自分がダメな人間になりそうな予感がした。そして出した結論は、「生まれ変わるには新たな場で生きること、仕事に熱中すること」と決心し故郷を離れた。親しかった友人と会えなくなるが、今のままではそれ以上のものを失いそうだった。この選択が正しかったか誤りだったかわからないが、少なくともあのままだったら現在の自分はないと言える。

　間違いを犯した彼らのなかにも、親とうまく行かず学校生活もいやなことが多かったりと、良い思い出を持てなかった人もいるだろう。そんな過去をすべてチャラにし、新たな自分づくりができないかと思っている人もいるだろう。それを可能にするのは何といっても仕事である。仕事にひたむきに取り組み、生まれ変わるのだ。

　人間、生きていくためには食っていかなければならない。食うためには働いて金を稼ぐしかない。仕事というものは楽しいことばかりではなく、むしろ放り出したくなるような辛いことのほうが多いものだ。でも我慢するしかない。こんなことをしていて一体何になるのかと思うような仕事もあるし、職場に意地悪な先輩がいるかもしれない。しかし、それにめげていては生きていけない。世間の荒波にもまれてはじめて人間はたくましくなる。つぎにつながる試練だと自分に言い聞かせることだ。

　仕事は人を成長させる力を秘めている。仕事をやり遂げるための努力・工夫、やり終えたときの喜び・達成感・充実感、一緒に仕事をした仲間や上司との一体感・連帯感、これらは人間をひとまわりもふたまわりも大きくする。取引先との関係で学ぶことも少なくない。お客さんに仕事ぶりを感謝されれば人の役に立っているやりがいを感じられる。もっといい仕事をしようという気持になる。相手との衝突や失敗などを含め、身を削った取り組みは成長の肥やしとなる。

そしてもうひとつ大事なこと。それはお金だ。労働力の対価としてお金が得られる。苦労して自分の力でお金を稼ぐ。この事実は一人前となった証しである。そして、お金が得られることでさらなるやる気、職業人・社会人としての自覚や自信が生まれる。仕事を通じていろんなことを実感し、大切なことを身につけていく。

さらに見逃せない大事なことがある。努力を惜しまず頑張り続けている人には、いい仲間、いい大人が集まるということだ。いい人との人間関係ができると生活は一変する。自分の性格や態度も変わる。いろんな知識が増え、常識が身についていく。今までと違ったおもしろい遊びも体験できる。昔の不良仲間が誘いをかけてきたら、「また悪さをして鑑別所に入りたくない。少年院に行きたくないから」と言えばいい。いい人とのつき合いが増えれば、素敵な異性との出会いもあるかもしれない。若いときは心を焦がす恋愛をしたいものだ。

ひたむきに仕事に取り組んでいる人の姿ほどまぶしく格好いいものはない。職場の大人は懸命に頑張っている若者を好意的に見る。同じように三十歳代、四十歳代で頑張っている大人よりも、若い彼らのほうが、「○○くんは頑張っている」と高い評価を受けることができる。

仕事をしっかりすることで、いろんなことがいい方向に回り始める。お金が得られることはもちろん、仕事の楽しさや人との絆を実感し、学校時代はもうひとつだったかもしれない、周りからの評価や信頼、自分に対する自尊感情や自信を得ることができる。変容、成長していく自分を感じられるはずである。

　再出発に仕事ほど強力なエンジンはないのだ。

ソーシャルスキル

　矯正施設では、社会的なスキルを獲得させるために「ＳＳＴ」（social skill training）という処遇を実施している。この技法は、「多くの非行少年は場に相応しい言動がとれない問題を抱える。たとえば目上の人に対する口の利き方や、失敗したときの謝り方を知らない。そのため対人的な摩擦や社会不適応を起こしやすく、結局どこからも受けいれてもらえずドロップアウトし非行化してしまう」という筋の理屈を背景にしている。つまり非行を社会的なスキルの視点からとらえ、将来起こるだろう現実に備えてロールプレイをさせながら適切で社会的なスキルを獲得させ、行動のレパートリーを広めることで、非行防止につなげようとするものである。

　以下は、三十分程度で一回しかできない制約された練習環境での、わたし流ＳＳＴロールプレイである。

　課題場面として、「今日は朝の七時に会社事務所に集まり皆一緒に現場に行くことになっていました。ところが夜遊びが過ぎ朝寝坊をしてしまい、時計を見ると六時五十分です。事務所まで原チャリで十分はかかりそうです。さあ、どうする？」を設定する。

ロールプレイに入る前に、まず課題場面でどういう行動をとるか、現に今までどういう行動をとってきたかをたずねると、①そのまま寝て仕事をさぼる、②電話をして「頭痛がするから」と嘘を言って休む、③すぐに電話し朝寝坊したことを正直に言い、急いで職場に向かう、の大体三種類の行動に分けられる。この三つの行動パターンを板書し、そのうえでそれぞれの問題解決の仕方における長所と短所について話し合う。

たとえば①について。「長所は、そのまま休めて仕事をしなくていい」、「短所は、翌日仕事に行きづらい」などであり、出た意見を板書するとともに、問題解決方法の長所・短所を少年の目に焼きつける。少年たちはほかの人の意見を聞きながら、あるいは板書した内容を見ながら、「ああ、そうか」といった表情をしたり、身に覚えがある者はニヤニヤ笑っている。

より良い方法と思われる③の設定で、少年役、仕事現場の棟梁役、電話のベル役（場のなごませ効果）、観客を決め、ロールプレイを行う。なお演技に対する批判は禁止。ロールプレイ終了後は巧い下手に関係なく必ず拍手し、良かった点を褒めることを約束させる。

ＳＳＴのロールプレイは、あまり長くなると注目する点や練習するところがわからなくなりやすいので、五分以内には終わらせる。長くなりそうなときは適宜場面を区切る。本ロールプレイは「職場に電話する」という行為に絞られるが、電話のかけ方ひとつでも結構個人差が出る。

ロールプレイ後、全員に「良かった点」を出してもらうとともに、「もっといい電話のかけ方はないか」を話し合う。「言葉遣いがよかった」、「遅刻しそうならば、具体的に何分ぐらい遅れるかも言うといい」、「迷惑をかけて申し訳ないという気持ちをもって電話すると、話し方も自然と変わってくる」、「自分の名前を言ってなかった」などの意見がでる。状況によって指導者も意見をつけ加える。

そして皆で考えた方法で、同じ人が再度ロールプレイを行う。終了後、良かったところを褒める。さらに今度は役割交換し、別の人が同じようにロールプレイを行う。


少年たちは最初こそ照れるが、やり出すと興味をもっておもしろがって取り組む。後で彼らの感想を聞くと、「こういう勉強は初めてでためになった。社会で似たようなことがあったらぜひ活用したい」と評判が良い。社会生活のなかで出合うさまざまな現実場面に備えてリハーサルを行うというもので、単なる話だけではピンとこない人間関係のあり方などを実感させ、社会的なスキルを獲得させるために身体化させるのである。

なお、ＳＳＴの詳細は専門書を見てほしい。

お金の話

さて、「お金の話」である。まだ社会の仕組みがよく理解できていない彼らには、お金の価値を正しく知ってもらう必要がある。

私は主に、つぎのような話をしている。

いつか新聞に、所得が低い地域ほど離婚率が高いという記事が載っていた。夫婦あるいは家族が仲良く暮らすには、やはりある程度の収入があったほうがいいという話だ。もちろん、人の幸せは金の多い少ないで決まるものではない。しかし、やはり一定のお金がないと人間は気持ちのゆとりをなくし、ものの見方・考え方に柔軟さを欠き、他人に対し優しくなれない。夫婦関係もいくら愛情といっても、一定の経済的な裏づけがあって成り立ち長続きするものだろう。「金の切れ目が縁の切れ目」となりかねない。その日の生活に追われる経済状況では家族の笑顔はなくなり、家庭の雰囲気は悪くなりやすい。

〝貧すれば鈍する〟という諺があるが、これは、人はあまり貧しくなると、日々の暮らしを立てることで頭がいっぱいになり、精神的、道徳的なことに対して鈍感になる、根性があさましくなって、自分のことしか考えられなくなりやすいという意味だ。場合によっては犯罪に手を染めることになってしまう。いつかテレビで「仕事もない、金もない」生活に絶望した四十一歳の独身男性が、パチンコ店にガソリンをまいて放火し多くの人を死傷させた事件が報道されていたが、こうなる前にどうにかならなかったものだろうかと思う。たくさん稼がなくてもいいが、生活に困らない程度の安定した稼ぎは必要なのである。

また、お金を稼ぐようになったからといって、調子に乗って無駄遣いをしないことも大切だ。私が担当した少年に、働くようになって何が変ったかと質問すると、〝揉まれて世のなかのことがわかるようになってきた〟という一方で、〝金遣いが荒くなった〟という意見が結構出てくる。月に十五万円以上稼いでいるのに一円の貯金もしていない。

なかには給料の一部を家に入れる親孝行者もいるが、将来何かあったときの備えとして、また彼らが一段と飛躍するための、たとえば資格取得や学校に行くための資金として、毎月一万円でも二万円でもいい、計画的にお金を積み立てておくように話している。お金で苦労してきた人ならば、私が言っている意味が理解できるはずだ。

わたしの授業では、それぞれに「お金の話」のプリントを配っている（表1）。毎月十二万円の稼ぎがあるとして、毎月二万円の貯金をしたとする。今の時代は銀行金利は一パーセントもないが、仮に年一パーセントの利息がつくとしたときの、お金の貯まり具合を計算したものだ。

すると、一年で二十四万円貯まる。五年で一二〇万円。十年で二四〇万円、利息がつくので二五〇万円貯まる計算になる。彼らが今十七歳だったら、二十七歳のときは二五〇万円の

貯金期間	元金（円）	預金額	利息額
1　年	240,000	242,400	2,400
5　年	1,200,000	1,236,483	36,483
10　年	2,400,000	2,536,040	136,040
15　年	3,600,000	3,901,887	301,887
20　年	4,800,000	5,337,406	537,406

表１　お金の話（毎月２万円貯金／利息１％の場合）

お金を持っていることになる。まじめに働き続けていれば、二十歳を超えればもっと給料は上がり、月二万円の貯金は楽勝のはずだ。こつこつ十五年貯め続けていると三〇〇万円、二十年経った三十七歳のときには五三三万円を超える。……と、この話をすると少年たちは目を丸くして驚く。まるで嘘のような、夢のような考えたこともないという感じで、やがて「にこ～っ」とうれしそうな顔になる。

また、借金の仕組みについても話しておくべきである。借金は高い利息がつき、実際に借りた額以上のお金を返さなければならなくなるので、ばからしい。やむを得ず借金する場合は、収入と支出の具合をしっかり計算し、その上で借金すること。それから最近は目にしなくなったが、少し前まで〝電話一本で即日融資〟〝一〇万円借りて一日一五〇円の利息〟といった闇金融のチラシがよく街角に貼ってあったが、この種の甘い誘いには乗らないように、つぎのように具体的に計算してみせると良い。

一日の利息がジュース一本といえば、一見安いと思うかもしれないが、一日一五〇円の利息ということは、月で一五〇円×三十日の四五〇〇円。一年で一五〇円×三六五日で、何と年利五四・七パーセントの五四七五〇円である。一〇万円の借金が一年で一・五倍の一五万円を超える返済を求められ、大変なことになる。

「大人になってからも一緒だよ。お金がらみの甘い話には絶対乗らないこと。必ず裏がある、落とし穴があると思って用心しなければならない」

お金の話は、「こんな話は聞いたことがない」と、少年たちにとても好評である。

性関係

彼らは、学校に行っている同級生と比べ性経験の時期が早い。ませていると言えるが、外れ者同士で依存しあうカップルも珍しくなく、家庭的に恵まれていない寂しさを埋めようと、異性関係に温もりを求めるところがあるのかもしれない。「あんな親にはなりたくない」、「早く家を出て幸せな家庭をつくりたい」などと、不幸だった家庭を反面教師として、ひとり立ち志向が強いためかもしれない。

性関係については、「性行動が良いとか悪いとかいう筋の話ではない」ということを断りながら、世のなかには、彼女、彼氏の存在を励みに頑張り、立ち直っている人がたくさんいることを話している。一方でよく問題にしているのが、仕事もしていない、生活力もない、精神的・社会的に半人前の少年・少女が、考えのない性行動の結果、生まれてくる赤ん坊についてである。

わたしは、仲間に「彼女を妊娠させた」と自慢げに言いふらしながら、仕事もせずぶらぶらして、挙句の果ては事件を起こし少年院送りになった少年を何人か見てきた。少女も赤ん坊を育てられず、少女の親が赤ん坊を引き取ったが、結局赤ん坊は乳児施設に預けられる事例を見てきた。

こんな親から生まれてくる赤ん坊は本当に気の毒である。何の罪もないのに、生まれ落ちたときから大変な苦労を背負わされる。少年たちのなかには、「自分は家庭的に恵まれていない」とのことばを口にする者がいるが、何のことはない、今度はその当人が、新たな不幸な子どもをつくり出している。

「君たちは、赤ん坊が生まれるということをどう理解しているのか？」

ある少女は生後数か月の自分の赤ん坊を用水路に投げ込み殺してしまった。わたしはこの事件を担当したが、相手の男はというと産ませっぱなしで他の女性のもとに走り、少女には頼る者は他にだれもいなかった。まったくの孤立無援だった。赤ん坊はもちろん、犯罪者になったこの少女も被害者である。わたしは、言いようもなくやるせない気分だった。

「君たちは大丈夫か？　無責任なことをしていないか？」

性行為は新たな命が宿るかもしれない結果を伴う。生まれた赤ん坊は育てなければならない重い責任と義務を負う。そして育児には、夫婦二人が力をあわせて育てる「愛情」と「生活力」が必要なのだということを強調する。彼らの周囲にいるはずの大人には、こういったあたり前のことをちゃんと話してほしい。

これ以上、親が誰なのかわからないような不幸な子どもを見たくないものだ。

入れ墨の代償

矯正施設に来る少年たちは、何人かの割合で入れ墨を入れている。彼らに入れ墨を入れた理由を聞くと「遊び半分で」、「格好良さそうだったから」、「先輩がいれていたから」、「組（暴力団）の人から勧められて」などと言う。

「入れ墨ってそんなに簡単に入れて大丈夫なの？」

外国人の兵隊やサッカー選手のなかには、腕や肩に派手な入れ墨をしている人を目にするが、日本社会では、入れ墨はほとんど受け入れられていないのが現状だ。一度身体に刻み込まれた入れ墨は、消そうと思っても消せない。後悔したときはもう遅い。そして、取り返しのつかない、とんでもない結果も招きかねない。

ある少年が鑑別所に入ってきた。彼は背中から二の腕にかけて、みごとな入れ墨を彫っていた。数日後、裁判所から少年の母親が自宅で自殺を図ったという知らせが入った。少年は高校中退後ぶらぶらしており、家にも帰ったり帰らなかったりで、両親はそういう息子が心配でならなかった。その息子から「住み込みで大工の仕事をするようになった」と聞かされたときは、「ようやく落ち着いてくれた」とひと安心した。ところがその話は嘘っぱちで、やくざの組事務所に寝泊りしていたのである。入れ墨はその間に彫ったものだった。逮捕される直前に久しぶりに帰宅したときに、母親から背中の入れ墨を見られた。別世界のものと思っていた入れ墨を見て母親は愕然とし、息子がこうなったのは自分のせいだと自分を責めた。そして母親は、息子が逮捕され鑑別所に入って間もなく、自ら命を絶った。母の死を聞いた少年は呆然としていた。今も彼の背中には、母親の命を奪った観音様が美しく浮き上がっているだろう。

指のリング状のいたずら描きや彼女（彼氏）のイニシャルだって軽く考えられない。ある少年は手指に梵字の落書きをしていたが、彼は「この落書きが原因で就職試験に三度落ちた」と言っていた。それはそうだろう。採用する側にすれば、仕事の種類いかんでは入れ墨を入れた人間を採用することには二の足を踏む。客商売であれば、店から客が離れることになるかもしれず、死活問題になるからだ。

せっかくいい仕事を見つけたと思っても、遊び半分に入れた落書きのせいで雇ってもらえないのである。その後、梵字を入れた少年は入れ墨の除去手術をした。入れ墨のサイズが小さかったため手術が可能だったらしいが、それでも手術費用は十五万円かかったそうだ。彼にとっては大金だったが、今のままでは望む仕事に就けず、長い将来を考えれば高い金ではないと思い、手術したそうである。

「入れ墨はいったん彫ったら消えない。消しゴムでは消えない。そのことを忘れないでほしい。入れ墨を入れている人はそれ以上入れないほうがいい」

少年たちは静まり返って入れ墨の話を聞いている。自殺した母親の話のときは涙をにじませている少年もいた。

学校教育現場の処方箋

学校の今

生徒の幼さ

「矯正」の仕事を続けるなかで、非行はつまるところ、「教育の問題」という考えのもと、学校教育への関心が頭の隅にずっとあった。折しも現役を退いたころ、福岡市教育委員会の「特別支援教育支援員」の募集があり、内容は障がいを持つ生徒の学習生活上のサポートなどであった。渡りに船とばかりに応募したが、実際中学校に入ってみると、普通クラスに付きながらの柔軟な動きを求められ、お蔭で学校教育全般の実態をこの目で見ることができた。後半は、この体験に基づいている。

四十五年ぶりに中学校の教室に足を踏み入れた。案内されたのは二年生のクラスで、自己紹介をさせてもらったが、生徒たちの元気のよさにはいささか驚いた。だがこの活発さは、やがて場をわきまえられない単なる騒々しさに変わる。

春の体育会の練習に入った時期だったが、学年全体での集団整列時や準備体操の際は、ピーチクパーチク。小学校低学年と勘違いしてしまいそうな、まるでスズメの大合唱である。教師たちは「うるさい」「黙れ」を連呼しながら生徒の間を回っていた。仕事柄とんでもないことにはある程度慣れていたわたしも、この光景にはあきれ果てた。

日ならずしてある日のこと、たまたま女性教師の体育授業のそばを通った。見るつもりも聞くつもりもなかったが、整列させて教師が話をしているのに、生徒はというと教師の話を無視しおしゃべりに夢中になっている。教師は途方に暮れていた。わたしは一瞬迷ったが、生徒たちのあまりの節度のなさに見かねて怒鳴り散らしてしまった。

大声で説教するわたしに、生徒たちは最初きょとんとしていたが、次第に叱られている意味がわかってきた様子だった。なかにわたしの神経を逆なでするかのようにニヤニヤしている生徒がいたので、「人が真剣に話しているとき歯を見せるな」と一喝した。

誤解のないよう断っておくが、わたしは権威的でも管理的な人間でもない。いくら中学生といっても「この場面でそれはないだろう」というTPOをわきまえない、度をこえた行為に反応しているだけである。そして常識人のわたしは、この日を境に久しぶりの現場で声を張り上げることになる。

根負け

中学三年生の「朝の会」の出来事を紹介する。朝の会が始まり教師が話を始めても、一部生徒はいっこうに静かにならず、勝手なおしゃべりをしていた。そのうち、ある男子生徒が、紙を丸めてボールを作り、女子生徒に投げつけた。当初からこのクラスの朝の会は騒々しく気にはなっていたが、さすがにこのときはレッドカードを切った。

後で担任教師と話をすると、「クラスの騒々しさは前から気になっていた。でも注意してもなかなか改まらないので、戸惑いながら仕方がないのかなあとあきらめ気味になっていた。つい強く注意しないようになっていた」とのことだった。わたしの感覚ではとうてい放置できない状況であり、「千丈の堤も蟻の一穴から」で、ささいなことから学級崩壊をたどるかもしれない危うさを感じた。

授業中のこの騒々しさから連想したことを挙げてみよう。

まずは生徒自身の幼さ。小さい頃から豊かさと自由さを享受するばかりで、自分を抑えることを知らずに育ってきたせいだろう。とても中学生と思えない、子どもっぽいわがままな行動が目につく。

ふたつ目は、社会の流れを背景にした権威の失墜。わたしが小、中学生だったころは、学校教師といえば絶対的存在だったが、今はすっかり様変わりした。公的機関が少しでも不祥事を起こすとマスコミがスクープとして必要以上に取り上げ、公務員叩きを行う影響もあるだろう。親は親で、子どものしつけができていないくせに外に向かっての自己主張、他者批判は旺盛である。子どもは親の姿を見て育つもので、これでは教師を敬う気持ちなど生まれようがない。学校は学校で、親をはじめ周囲の反応に神経を使いすぎるあまり思考停止し、教育の本筋に頭が回らないようだ。

三つ目に、学校組織の問題。わたし自身は、命令系統がはっきりした矯正の世界に身を置いていたが、学校における組織と個人の関係は、組織優先の矯正とは真逆である。組織と個人の関係については、対象や目的が異なれば違ったあり様があるのは当然で、学校がおかしいと言っているのではない。ただ、学校というところは教師がいったん教室に入れば、だれのチェックも受けない。教室で何が起きているのかわからない。いい加減な授業をしていてもとがめる者はいない。困ったことがあっても助けてくれる者がいない。わたしは女性教師が生徒からからかわれ愚弄される場面を何度か目にした。学校はこの現状を組織としてどう認識し、いかなる対策を講じているだろうか。教師の独立性と自主性が尊重され過ぎて、教師が抱える問題をあまりに個別的問題として放置していないだろうか。

ひるがえって、鑑別所の処遇についてのアンケート結果を紹介したい。いくつかある質問のなかで「よかったこと、うれしかったこと」という項目があるが、回答のなかで際立って多かったのが「いいことをしたら褒めてくれた。いけないことをしたらきちんと注意してくれた」、「礼儀や常識をきちんと教えてもらった」のふたつだった。鑑別所の教官は人間としてあたり前のことを指導するだけで、それ以上のことはしない（法的にできない）。ところが少年たちにはこれが新鮮に映るらしい。この反応は、今まで家庭や学校で当然行われなければならないはずの、是々非々あるしつけ指導が行われずにきていることを示唆するものだろう。

子どものいたずらや悪さは、周囲の注意を引くためにわざと起こす場合が少なくない。周りがその行為にあまり注意を払わずそ知らぬふりをしていると、子どもは悪さを繰り返し逸脱をエスカレートさせてしまう。これは教室での生徒にもあてはまる。教師の気を引くために騒いでいるのかもしれない。それを無視すれば彼らはますます騒ぎ、注意されないのをいいことに増長していく。

学校は勉強をするところである。ふざけたり騒いで授業妨害をする生徒がいるが、多くの生徒は口にこそ出さないが、それを迷惑がり、やってはいけないことと内心思っている。他人の学習の権利を奪う権利はだれにもない。学校には顔も考えも違うたくさんの人が集まっている。自分勝手は許されない。社会にルールがあるように、学校にも授業にもルールがある。人としてしてはいけないことがあることを、教師はしっかり自覚するとともに、生徒に伝えなければならない。

わたしは、ある女子生徒を続けざまに注意したことがある。一度目はたしなめる程度だったが、その一週間後、度を超えた言動があったので強く叱責した。担任教師によれば、「彼女は空気を読めない生徒」という評価だったが、わたしが叱責した後、その女子生徒は劇的な変化を見せる。とにかく授業態度が前向きになった。男子生徒が騒いでいると「静かにしようよ。きちんと授業を受けようよ」と制するのである。これが結構押しが強いので効果がある。彼女の変化に刺激されたのか、もともと他生徒から一目置かれていた男子生徒が、今まで軽いおしゃべりにつき合っていたのに、私語の行き過ぎには「うるさい」と大声で注意するようになった。クラス全体に授業態度の変化が起きたのである。

教師は概して女子には厳しく接さない。この女子生徒は今まで自分勝手な振る舞いをしても注意叱責されたことがなかったようである。級友も「彼女はいつもあんな調子」と何となく認め、それが当たり前になっていた。彼女はわたしの強い指導に内心驚き、反発もあったと思うが、結果的にスイッチが切り替わる望ましい方向に変わった。もともと成績は悪くなく活動的な性格だったが、その後、教室のなかで授業を成り立たせる役割を担うようになった。

ちなみにこのとき思ったのが、生徒間の力関係を見ながら、クラスの望ましい雰囲気づくりをいかに実現させるかは教師の腕の見せ所である。良きリーダーの育成や生徒間の望ましいけん制、これがうまくいくと教師が直接口を出すよりずっと効果的で、学級運営はうまく行きそうである。

現場教師は、話を聴こうとしない生徒たちを毎日相手にしていると根負けし、日々のストレスに疲れ、「もういいか」と指導をあきらめ気持ちが萎えやすい。わたしは教師に「弱気になって注意することを恐れてはいけない。是々非々にそって善いものは善い、悪いものは悪い。褒めるべきときは褒める。叱るべきときは叱る。騒ぐ生徒に根負けしない。自信を持って粘り強く一貫した指導を繰り返す」よう言いたい。

教育とは、あたり前のことをいかに身につけさせるかである。それにしても学校には、教科学習以外に身につけさせなければならない人間教育的なことがごろごろしている。

基本的なしつけ

ちょうど給食の時間に職員室にいたところ、「二年生のクラスで喧嘩があり、牛乳やおかずが散乱している」との連絡が入った。教室をのぞいてみるとけんかは終わっていて、生徒たちが散らかった食べ物の後片づけをしていた。そばにいた生徒に事情をきくと、二人の生徒は前々から仲が悪く、男子生徒が仲の悪い女子生徒の頭から牛乳をかけ、やられた女子生徒が食べ物をもってやり返すという騒ぎだったらしい。

この騒動でわたしが気になったのは、食べ物をかけ合うという行為である。わたし自身中学生のころは殴り合いのけんかをしたし、人のけんかを見たこともある。しかし、テレビや映画のふざけ場面、あるいは無礼講の祭り等で見る以外、食べ物を投げつける行為は見たことがない。

今の子どもたちは食べ物を一体何と思っているのだろうか？　古代中国の「礼記」には、「夫《そ》れ礼の初めは、諸《これ》を飲食に始む」と述べられ、礼という作法が飲食から始まったことを記している。わたしの時代は小さいころから食べ物を粗末にすると「罰《ばち》があたる」ということばで食べ物の大切さを教え込まれた。この感覚は今の世代には受け継がれていないのだろうか。ある中学校では、廊下の壁にマーガリンを塗りつけて落書きをするいたずらがあったと聞いた。食べ物に対する感謝の気持ちが欠如しているから、こうしたとんでもない行為を平気でやってしまう。

「おはようございます」、「こんにちは」、「さようなら」というあいさつは割と耳にした。しかし、「いただきます」、「ごちそうさまでした」はなおざりになっていた。食べ物に対しても、人と人の間で行われるのと同じくらい〝あいさつ〟は大切なことと思うが、給食の時間中、ほとんどの教室から食に対する感謝のことばが聞こえてこなかった。

その後、わたしは一か月間あまり、クラスの生徒に「いただきます」、「ごちそうさま」と、全員がはっきり口に出して言うまで、繰り返しあいさつをさせた。その後しばらくして定着の具合は「如何」と思い、久しぶりに給食時間中のクラスをのぞくと、みごとにもとの風景にもどっていた。残念ながら肝心の教師にそういう意識が乏しい。食育ということばをときどき耳にするが、食への感謝なしに食育もへったくれもない。

小学校のころはできていたあいさつが、中学生になるとできなくなる。なぜか。発達上、自我が芽生える中学生になると、親や教師から言われるままに従っていた児童期と違って、あいさつをすることが照れくさくなったりしやすい。ならば発達段階に応じた指導のあり方があるはずだ。中学生になれば、あいさつやマナーに深い意味があることを論理的、合理的に説明する必要がある。

わたしは非行少年に「〝おはようございます〟などのあいさつは人間関係の第一歩で潤滑油だ。それができない人間は社会生活からはじき出される」と、あいさつの重要性を説いている。同じように、食について、人間は生き物の命をもらって生きていること、食膳に出るまでには多くの人の大変な苦労があることなどをひとつひとつていねいに教えれば、食への畏敬と感謝の気持ちが自ずと生まれるはずである。「いただきます」「ごちそうさま」のことばも自然に出てくる。食事の前は〝いただきます〟、食事の後は〝ごちそうさまでした〟を義務づける。そうすれば人の頭に牛乳をかけるといった、食べ物を冒瀆した行為はなくなる。

ところで、食事をつくる世のお母さん方はご主人や子どもから、「いただきます」、「ごちそうさま」、「おいしかった」とどの程度いわれているだろうか? 何といっても基本的なしつけは家庭からである。学校はＰＴＡ懇談会などの機会を利用して、「お母さん方も家族から〝ごちそうさま〟も何も言われないと張り合いもないでしょう。〝たかがあいさつ、されどあいさつ〟ですよ。ちょっとしたひと言が家庭を円満にしますよ」ぐらいの話をして、家庭でのしつけの大事さについて親を刺激するといい。

余談になるが、わたしは毎朝生徒と一緒に掃除をしていた。彼らの掃除の仕方は雑である。力が入っていない。教室の隅っこにはほこりやゴミがたまったまま。わたしは、「部屋の隅っこはまーるく掃くのでなく、四角に掃くように」と実際にして見せた。ある時は畳の目を黒板に書いて、目の方向に沿って掃除機をかけるとゴミがとれやすい話をした。

その時、今どきこんな話をする親がいるかなと思いつつ、姑みたいな自分に苦笑しつつ、いろんなことが頭をよぎった。「家で掃除機をかける人？」ときくと、手をあげる者はほとんどいなかった。「家に畳の部屋がある人？」ときくと半分だった。さらに「家の手伝いをする人？」とききかけて止めた。

権利と義務

三年生に「人権学習」の時間があった。内容は模擬就職面接を見せながら、試験官の差別に繋がるおそれのある質問を通して、差別的言動に係る人権を学ばせるというものだった。

人権感覚を養う学習に異を唱えるつもりはないが、ただ「権利」について時間をとって学習させるならば、権利と対をなす「義務」についての学習時間も同じように設けるべきだろう。わたしが見聞きした限りでは、授業に「義務学習」はなく、これでは片手落ちだ。人間社会には主張すべき権利と同時に、果たすべき義務がある。

「模擬就職面接劇」と初めに聞いたときは、てっきり就職面接試験を受けるにあたってのことば遣いや振る舞いの学習と思ったが、あに図らんやだった。テーマがテーマだけに社会性を学習させる場にもできるはずだ。ひとつの活動で、脚本を少し変更するだけで得られるものがふたつになる。一挙両得である。生徒全員が大学進学するわけではない。高校進学してもすぐにやめ、十六、十七歳で仕事に就く者もいる。生徒のなかには、教師が考えている以上に早く社会に巣立ち、常識的な振る舞いが必要になる者がいる。中学校はもっと「社会性学習」の時間を設けるほうがいい。

いつぞや朝の会のときに、黒板一面に特定の生徒を揶揄する落書きがされていた。からかわれても仕方のないいきさつがあったのかもしれないが、人の落ち度をこんな形で、みんなの前で笑い者にすることはないだろう。こうした悪ふざけは放置しているとますますエスカレートし、いじめとなって取り返しのつかない結果を起こしかねない。

大体が、朝のしょっぱなからこうした落書きは、授業態度の乱れを示す以外の何物でもない。担任教師は連絡事項の多さもあってか自ら落書きを消し、このおかしさに触れる（感じる）ことなく連絡事項を話そうとしたが、わたしは気持ちを抑えられず、担任の話に無理やり割り込んだ。こうした身近に起きた出来事を取り上げ、しっかり考えさせるほうがよほど人権学習になる。担任には失礼したが、生徒たちはわたしの話にうなずき、当事者も自ら手を挙げ、「すみませんでした」と謝った。

授業の風景

教職に就いて七年目の、ある女性教師の授業はなかなかのものだった。何がみごとかといえば、①生徒全員をまんべんなく目配りし、生徒の眼や反応をしっかり見ながら授業を進めている。②適宜、間を置いている。このため生徒は瞬間的に教師の話を反芻でき、それと同時につぎに何の話が出てくるかの聴くかまえができ、伝わる授業になっている。③全体授業のなかに個別的な指導ができる時間を設け、生徒全員の理解向上に努めている。授業全体にメリハリが利いており、結果、授業が盛り上がる。④授業を妨げる生徒には、タイムリーに厳しく注意している。本気で叱りながら冷静さを失っていない。得てして感情的な叱り方をしやすい女性教師のなかで、そういうことがない。

ある男性教師は明るく元気がいい。教える側が明るく元気がいいと、生徒も気合が入りノリが良くなる。彼の授業にはいつも活気があった。この教師は、生徒たちが授業に関心を持つようビジュアルな映像を活用し、また実生活と結びついた教材を取り入れることで、授業に現実感を持たせる工夫を凝らしていた。教育に対する熱意と同時に、授業研究を重ねている姿勢がびんびん感じられ、まさに教師の理想像に見えた。

よろしくない授業は、以上列挙した事項とおおむね反対のことを想像すればいい。ところで気になったことのひとつに、特定の生徒ばかりを指名する授業があった。積極的な生徒を活用した授業の進め方かもしれないが、それが多すぎて、一部の生徒のための偏った授業に見えてしょうがなかった。

教師は、〝発言する〟行為の意味をもっと理解すべきである。「手を挙げない生徒の気持ちも考えなければならない」との反論もありそうだが、それは個別的な問題である。挙手しない生徒も指名することで生徒全員のための授業になり、授業への集中力を高め、生徒全員の学力向上につながる。何よりもみんなの前で声を出して〝話す〟という行為は、教科学習にとどまらない、社会人になって実生活を送るうえでの訓練につながることを認識してほしい。教師は仕事柄、話すのはあたり前と思っているかもしれないが、社会では、話ができなくて悩んでいる人、損をしている人は珍しくない。

もうひとつ、ある若手教師は経験不足のため授業に自信がなく、不安からかしゃべり続け、生徒の反応を見るゆとりがない。生徒が騒いでも、どう注意し叱っていいものかわからないようだった。授業終了後、その若手教師から授業の進め方について質問を受けた。意見交換しているうちに、採用にあたっての研修に話題が及び、授業中に直面するだろうさまざまな場面での対処の仕方について尋ねたところ、「そんな研修は受けていない」という答えが返ってきて、少なからず驚いた。

若手教師へ助言

未熟な授業を俯瞰することで、授業の本質が浮き彫りになる。ここでは注意指導のあり方について論じたい。

ある女性教師は、生徒の私語にそ知らぬふりをし、なるべく注意を払わないよう努めていた。しかし、注意を払わないように意識すればするほど早口になり、生徒がどの程度授業を理解できているか思い巡らす余裕などなくなっていた。

そのうち、ある生徒が席を勝手に替わり、大声でしゃべり始める。しばらくすると他の二、三人の生徒もつられて大声で私語をし始め、やがて教室全体が騒然となった。

わたしはこの状況にあえて口を出さず、観察に終始した。授業が終る七、八分前になって、ようやくこの教師は「まじめに聞きたい生徒もいるので、静かにするように」とうわずった声をあげた。

授業終了後、私語をする生徒への注意の仕方について教師と意見を交わした。わたしは、生徒が私語をやめなければ授業を止めることも、生徒をコントロールするひとつのやり方であると提案した。注意すべき状況を見ないふりをして授業を進めるのではなく、生徒が静かになるまで沈黙を保つ。沈黙はやり方ひとつで相手に心理的な圧力を加える。みずからの行為を振り返らせ、気まずい思いをさせる効果がある。この教師は正直言って、注意の仕方が下手だった。授業妨害の行為のみを取り上げればいいのに、他のことが頭に浮かぶらしく、騒ぐ生徒に対して強く出られず、妙に許容的なことばを口にする癖があった。

一歩引いてしまう弱気な態度が、生徒をコントロールできない一因になっているのではと指摘したところ、そのうち教師は口ごもりながら、「あの生徒はわたしのことが嫌いみたいで……、わたしが注意すると反発して授業が崩壊しそうな気がして」と言ってうなだれた。力関係においてこの生徒に気圧されていたのである。それでもわたしは、「是々非々で勇気を持って注意すべき」と助言し、「困ったときは、担任や先輩教師に相談すること」をつけ加えた。

その後、彼女の授業が気になってときどき教室に足を運んでみると、彼女なりに生徒をコントロールするよう頑張っていた。私語を交わす生徒に、口調は柔らかいながら彼女なりに注意していた。いっとき前の何も注意できなかったときよりはいい。それでも、女性教師の甘くやさしい口調をまねた生徒のからかいは続き、事態はなかなか好転しなかった。一人で悩んでいる姿は、はたで見ていて気の毒だった。

人を注意するという行為はエネルギーを要する。知らぬふりをして授業を進めるほうがよほど楽だろう。しかし、それでは教師失格である。

ある男性新米教師の授業も私語が多く騒がしい限りだった。ただ、彼のひょうひょうとした雰囲気は持ち味として活かせると思った。「あなたは変化球投手。人にまねができない味をもった雰囲気がある」と褒めた。「でもときどきは、速くなくても生徒にのけぞらせるような、脅しのストレートを投げるべき。そうすると変化球が活きる」と、わかったようなわからないような助言をした。

彼は時に立ち往生しながらも粘り強く注意指導を続けている。注意の仕方にも少しずつ落ち着きと余裕が出てきた。ときおり時速八〇キロのストレートを投げられるようになった。今でも生徒からなめられるときがあるが、そのなかにも親しみをもたれている感じが出てきた。生徒の私語はまだ見られるが、授業を乱すほどのものではなくなり、少しずつ収まっている。

ところで、しばらく経って知ったことだが、学校には「講師」とか「非常勤」とか、正規採用でない教員が少なくない割合でいるらしい。先の「採用のとき研修なんか受けたことがない」と言っていた若手教師も講師だったらしい。でも彼は、任用の身分は違っても正規教員と同じように授業を任され、生徒からは当然「先生」と呼ばれていた。これには、「学校教師って、経験がなくても研修を受けなくてもできる、そんな安っぽい仕事なのだろうか」という思いが頭をよぎった。

違和感

教育現場でひどく違和感を覚えたことのひとつに、新規採用の教員がすぐに担任としてクラスを受け持っていたことが挙げられる。

この違和感は、わたしが階級性が強い矯正の職場で過ごしたせいだけとは思えない。社会全体を見回しても、新米社員をすぐ一人前に扱う職場なんておそらくないだろう。

非行少年の鑑別診断を担当する鑑別技官[8]は、二年間は先輩、上司であるスーパーバイザーから面接、診断、報告書作成についてこと細かに指導を受け、鑑別結果通知書の「担当者」欄は、スーパーバイザーとの連名になる。国家公務員I種試験を合格していても、二年間は一人前としては認められない。ペーパー試験に合格したくらいで、初めから責任ある仕事なんて任せられない。経験や実績がなければ半人前扱いがあたり前である。

学校教師という仕事は専門性を求められる職種であるはずだし、クラスを担任するということは簡単な仕事ではないはずだ。なかにはセンスを備えた若手教師もいるだろうが、それは適性があったという話である。本物にするには、実務経験、絶え間ない自己研鑽、体系的、継続的な研修が欠かせない。

わたしが見た若手教師のほとんどは、授業の進め方や生徒指導に戸惑い苦労していた。経験も知識も浅いのだからあたり前である。問題は、この実態を放置しているようにしか見えない、学校組織、教育行政のあり方である。わたし自身、矯正の第一線にいたころは、「現場には教科書に書かれていない、ためになるたくさんのことがある。〝習うより慣れろ〟」といってきたクチである。しかし、現実には個人の努力のみで身につく範囲は限られ、時間もかかる。未知、未経験のことを教えてくれる研修の必要性を痛感していた。矯正では採用時から上級管理職になるまで、専門性育成のため体系的・継続的な研修制度が整備されている。学校にはどうもそのあたりの仕組みが不十分なようだ。

教師に課せられた役割には教科教育と生徒指導があるが、現場教師を見ていると、わたしの経歴もあってか、後者の生徒指導力の弱さが目についてならなかった。生徒指導力の向上には、その性質上一定の経験が必要だが、といって単に教員生活が長ければ生徒指導力が身につくかというとそうとも限らない。いつぞやは、平時はそれなりの発言をしていたベテランと思われる教師が、事件が起きたときはひとりよがりな行動からかえって問題をこじらせた。今まで平穏な教員生活ばかりを送り、危機場面における対処の仕方の知識や経験がないとこうなる。生徒指導の問題で、若手・ベテランを問わずちぐはぐな行動をとっている姿を見ると、実務に役立つ体系的な生徒指導研修の必要性を感じる。

民間会社は人間関係において職場内外で神経をつかい揉まれるのに対し、教師という職業はそういう苦労をしなくてすむ。新米のときから教室という密閉空間で、子ども相手の、少々下手を打っても許される業種である。実力も経験もないのに若いときから「先生」、「先生」と呼ばれ、一人前になったつもりになってひとりよがりの罠に陥りかねない。

某中学校にお邪魔した際、たまたまある教師が、激しい口調で生徒をののしっている場面を目にした。まるでチンピラの恫喝《どうかつ》だった。場所は職員室前の、生徒も来客者も通る廊下である。生徒は青ざめた顔で立ちすくんでいた。わたしは、この生徒が何をしたか知らない。そのときの断片的風景を目にしただけで、前後の事情を知らない。怒られる理由があったのだろう。わたしは〝成長を促す常識的な範囲の愛情ある体罰〟を否定する者でもない。ただ、たくさんの人の眼がある場所での叱り方ではなかった。単なるナルシストのパフォーマンスにしか見えなかった。生徒にも人格がある。指導を加える場所をもっと考えるべきだろう。もっとうまい注意の仕方があるだろう。

生徒に問題があれば是々非々ある厳しい指導を加えるのは当然だ。しかし、そこには指導者として、一段も二段も高いところから生徒を教え育む姿勢をもっていなければならない。この教師が「わたしなりの教育理念を持って指導している」と主張しても、「第三者には自分の感情的なことばでますます興奮しているだけにしか見えない」叱り方は、お粗末といわざるを得ない。

中学生ともなれば、生徒は教師を値踏みして動く。芯のない頼りなさそうな教師だとなめられるので、学校は、生徒を締める役割を特定の教師に求めてしまいやすい。ここで短絡的に「なめられる―恐れられる」、「甘い―厳しい」といった二元論的指導法に帰した形の対策をとると問題が生まれてしまう。くれぐれも「筋が通った説得力ある生徒指導」と「威圧的なハッタリ」とを混同しないよう気をつけなければならない。人間が人間を扱う職場には、とかくこの種の問題がついてまわる。わたしが身を置いていた矯正も例外ではなかった。学校以上だった。だからこそ、専門的、体系的な研修を継続して実施する必要がある。

生徒に対し的確な注意ができない教師は困ったものだ。同様に生徒を恫喝する教師も困ったものだ。こうした未熟な教師のせいで一番の被害を受けるのは、だれでもない生徒である。

生徒による教師評価

ところで、学校教育における教師と生徒の関係は、上下の力関係で成り立っている。むろん教師が上である。

教育という性質上、この力関係は当然のことだが、ただ気をつけておかねばならないことがある。それは、人間は権力を持たされ、だれからも批判されない状況に長く居続けると、自分勝手な言動をするようになり、自己チェック機能が麻痺してしまうということだ。人間が陥りやすい心理である。生徒はまったくそっちのけで授業を進めるだけの問題教師や感情に走りやすい体罰教師を生む背景には、学校組織におけるこの上下関係構造が存在する。

世のなかを見渡すと、企業は客のニーズを探り、生産・販売・サービスに反映させ業績を上げようと努力している。上司の勤務査定に部下の評価を採り入れている会社があるとも聞く。こうした世のなかの動きに、学校だけはなから例外として扱われていい理由はない。

言いたいことは、教えを受ける当の生徒の声を大切にしたいということである。普段の教師の授業や指導を、生徒がどう感じ受け止めているのか反応を、定期的に年に一、二回でもアンケートをとり生の声を聞きたい。テレビ番組でも講演でも、終了後は視聴者の反応を分析し、不適切な箇所は修正し、より良いものに改善する。教師の力量の向上に生徒からのフィードバックは欠かせない。学校運営に「生徒による教師評価」を反映させる仕組みが欲しいものである。

ある日の出来事から

D君は活発な生徒である。機転も利く。だが、今日はいつもと違う。表情は暗くさえない。授業態度もうわの空である。

気になったので、わたしは帰り際、担任教師に「D君の様子が変ですよ」と言い残し、学校を後にした。すると翌朝、D君は学校に姿を現さない。十時過ぎに職員室の電話が鳴った。父親からの電話だった。「昨日から息子が学校に行ったきり帰ってこない。おとつい、わたしとけんかをしたのが原因と思う」。聞けばD君と父親は実の親子でなく、以前から感情のすれ違いがあったらしい。

人はストレスがあると、本人が意識するしないにかかわらず、顔色やちょっとした仕草に現れる。ましてや年端が行かない子どもほどストレスの影響をストレートに受け、心身の変調をきたしやすい。問題行動が発現する場合も少なくない。担任はわたしに「先生の勘が当たりましたね」といって感心していたが、担任教師がわたしの忠告を聞き流し、昨日D君に何のことばもかけていなかったことがわかり、少し残念だった。

生徒指導というものは、全員への働きかけと個人への働きかけが調和をもって実施されなければならない。しかし、学校教師はどうも後者の視点が弱い気がしてならない。学校教育は集団教育が基本と言えばそれまでだが、生徒それぞれに関心を持って見ていさえすれば、何かあればおのずと感じるものである。要は姿勢の問題である。教師集団全員に、教育の前にあるはずの生徒理解、生徒観察の重要性の認識が不十分な気がした。

教師は毎日教壇から生徒全員に向ってしゃべっているが、個人的にはどの程度ことばを交わしているのだろうか。わたしは鑑別所の現場で教官に、「担当する少年にはいくら忙しくても〝元気?〟〝朝ごはんどうだった?〟など何でもいい、一日一回は必ず声をかけるように」とくり返し指示していた。なぜならば、ことばかけは心情把握、情報収集、関係づくり、拘禁への不安軽減、少年理解につながるからである。

ことばかけは、生徒に「先生が自分のことを気にかけてくれている」という支えられ感、安心感を与え、生徒との良い関係づくりをもたらす。信頼関係が生じれば生徒の方からいろんな話をしてくる。普段からの関係づくりができていれば、生徒のちょっとした振る舞いひとつからでもひっかかるものを感じ、いろんなことを想像できる。的確な生徒理解と効果的な生徒指導ができるようになる。

ちなみにD君は翌々日の午後、近所の公園でぼんやり座っているところを無事警察から保護された。

注意・指導にあたって

本章の最後に、注意指導にあたって心がけるべきことをまとめる。

①注意はタイムリーに

是々非々を明確化し、注意すべき時は即座に注意すること。見て見ぬふりをしていると生徒は増長し、後で注意しても思うような効果は得られない。もちろん内容によっては時と場面を選ぶべきで、その場はとりあえず簡潔な注意喚起にとどめ、後で個別に呼んで注意指導を加える。注意の効用はタイミングによって大きな差異が出る。

②注意は人でなく行為に

人格を軽視、否定するような注意の仕方は生徒の反発を買うのみである。子どもであっても生徒を一個の人格として認め、教え育むことが教師の使命であることを忘れてはならない。「罪を憎んで人を憎まず」で、是々非々から行為について諭すこと。

③真剣かつ本気で叱る

注意するときははっきりした口調で、筋道だてて注意指導を行う。小さな声、不明瞭なことばでぐずぐず言っても効果はない。場合によっては大声を張り上げることもあるだろうが、それはかまわない。ただ、その際は決して感情的にならず自分を見失わず、本気で怒りながらも生徒より一段上に立ち、生徒の目を見てしっかり叱る。その際、生徒の様子、反応を冷静に観察しておかねばならない。

「なめられまい」とする気持ちはだめ。感情的な〝ハッタリ〟になりやすい。

④公平でなく公正に扱う

「先生はひいきしている」と他生徒に誤解を与えることがないよう、くれぐれも注意する必要がある。他方、生徒の能力や性格に配慮した注意指導の仕方を心がけなければならない。

⑤可塑性を念頭におき指導にあたる

問題を起こす生徒ほど、内心では自分を理解してくれる人、自分の話に耳を傾けてくれる人を求めているものである。どんな生徒でも可塑性《かそせい》、可能性を秘めている。

生徒の良いところを見ようという温かい気持ちをもって接すると、良いところが見えてくる。役割を与えると立派に役割を果たす生徒も少なくない。教師が「ダメな生徒」と思うと、自然にこの感情が生徒に伝わり溝が深まっていく。

⑥毅然とした態度と受容的な態度

厳しさのなかに温かみをもって生徒に接すること。「大切にしよう。ひとつのことば、ひとつの仕草」は、わたしの現場生活での好きなスローガンだった。教師が生徒を見るように、いやそれ以上に生徒は教師を見ている。値踏みをしている。指導する側の普段からの態度や行動が生徒との関係づくりを左右する。信頼関係なしに注意指導を加えても効果は期待できない。

⑦生徒の言い分に耳を傾ける

個別指導の際は一方的な説教にならないよう、生徒の話をじっくり聴くこと。厳しい叱責をしてもとことん追い詰めないこと。「はい」「いいえ」で終わるような面接はノーグッド。

そのときの状況いかんでは、問題行動だけでなく、勉強、部活動、友達関係、家庭などを話題にし生徒への理解を深める。問題行動というものは、日常生活での不安、悩み、葛藤から駆り立てられることが少なくない。

⑧褒めることを忘れてはいけない

人間は誰しも叱られるばかりではひねくれてしまい、やる気や自信を失う。さ細なことでも努力の跡が見られたときや、成功したときは褒めことばをかけたい。

⑨生徒に関心を持つ

教育者として何よりも大事なことは、「生徒に関心を持つ」ことである。これがなければ何も始まらない。関心を持っていると、生徒の何気ないことば、表情、仕草などからいろんなことを感じることができる。生徒とのコミュニケーション、理解につながる。

註

（8）非行鑑別を担当する心理学の専門職

現場あれこれ

問題生徒の対応

ワイシャツをズボンから出し、学生服のボタンは外して腕まくりし、禁止されているケータイ電話を持って登校してくる。授業中にもかかわらず学校内を徘徊する。教室に入ると授業の邪魔をする。弱そうな生徒にいちゃもんをつけ、ときに暴力を振るう。教師がいくら注意しても無視し、ときに悪態をつき胸ぐらをつかんでくる。こういう問題生徒が存在する。

この種の生徒に対し、学校が陥りがちな問題と採るべき対応策を示したい。

（1）責任感旺盛な担任ほど、自分の責任で生徒の行動を改めさせようと指導を加えがちである。そのこと自体は評価されることで、こうした熱心さがなければ教師の資格はない。ただ解決困難な場合は、管理職である校長の出番であり、組織としての対応策を明確にする必要がある。学校は後手に回らぬよう迅速な対策を明らかにし、必ず全教師に周知徹底させなければならない。口頭ではもちろん文書でも校長名で明確な指示を発出する。校長はぶれることなく覚悟を持って、問題解決にあたらなければならない。

（2）ちなみに中学校は、学年単位では連絡を密にとるが、学年が違うと意思の疎通を欠くところがあるようだ。問題生徒は下級生がいる建物や教室に行って問題を起こすことも珍しくない。違う学年の教師が、問題生徒の実情や対応策を十分理解しないまま対応すると、事態がこじれかねない。学年を超えた全校対応事案か、そうでないかを明確にし、教師間で情報を共有しなければならない。

（3）問題生徒への指導にあたっては教師ひとりでは行わない。必ず複数で対応すること。大事なことである。

（4）一定の問題レベルを超えるケースにおいては、問題生徒と保護者同席のもとで、守るべき事項を取り決め、遵守しなければ出校停止措置等の処分を行う約束を取り交わしたい。約束が守られない可能性が高ければ、よけい〝取り決め〟を行いたい。つぎの対策が講じやすくなる。

（5）残念ながら、学校教育の限界を超える事案がある。警察への通報については、教師によって対応に差異が生じないよう、あらかじめ具体的な問題行動を列挙し、判断基準を明確にしておきたい。

（6）組織的な対応を誤ると、他の問題生徒までが増長しかねず、学校全体が荒れてしまう。

問題生徒がしょっちゅういるわけではないので、ベテラン教師も校長も過去の経験を忘れ、もたもたするのかもしれない。しかし、その間にも生徒や教師に被害が出て、取り返しのつかない結果にならないとも限らない。矯正施設には、過去の事故事例を踏まえ、上級官庁がさまざまな場面を想定し取りまとめた「危機場面対応マニュアル」というものが備えてある。また、個人の知識や経験の不十分さを補うために、定期的、体系的な集合研修が組まれている。学校組織にはこうした仕組みがあるのだろうか。

暴力と護身

Sが階段の踊り場で担任教師ともみ合う感じになっていた。Sとは、それまでときどきことばを交わし一定の関係がとれていたので、わたしは「どうしたのか」と言いながら、おもむろに後ろから両手で彼の両手と腹部を挟みこんだ。身体をくっつけ合った形のまま、ゆっくりした口調で声をかけた。やがてSは落ち着きをとりもどし、ふたり一緒に階段にしゃがみこみ、彼の言い分を聴いた。

また、ある生徒が教師に向かって体当たりし、教師の胸ぐらをつかむという暴力に及んでいるところを目撃した。体力ある男性教師だったため怪我はなかったが、そうでない教師だったらどうなったかわからない。

この様子を見て感じたことは、教師も暴力行為を制圧する術を身につけるべきではないかということだった。体罰ではない。自分の身を守る、怪我をしないための〝護身〟である。

教育現場はきれいごとが通じることばかりではない。教師に悪態をつき暴力を振るう生徒が存在する。教師も問題生徒の指導には護身術くらい身につけていたほうが、自信をもった対応ができる。荒れた学校を体験している教師ならば共感できる話だと思う。

授業についていけない生徒たち

当然のことながら、学校には勉強ができる生徒とできない生徒がいる。世のなかは学校の勉強がすべてではない。でもあまりに勉強ができないとコンプレックスを抱き、人格にゆがみをきたしかねない。人間というものは、周囲から受けいれられ認められることで情緒的に安定し、前向きな気持ちが生まれる。勉強ができなくても、スポーツや音楽芸術活動等で自己の存在が発揮できる、あるいは明るく楽天的で物事をプラス思考に考えられる生徒は、勉学にかかるストレスを減じられる。しかし、多くの生徒にとってやはり勉強の出来・不出来は気になる大きな関心事のひとつである。

学業が振るわないために卑屈になったり、投げやりになったり、ことさら騒いだり、人とのつき合いが偏ったりする生徒がいる。つまり自分に自信を持てず、気持ちの不安定さからゆがんだ適応の仕方をとってしまう。学校というところは成長を促す教育の場だが、勉強が劣等感を生み、自己肯定感を損なうという皮肉な面を背中合わせに持つ。

目標は本人の努力なしに達成できない。勉強ができない生徒は総じて辛抱や努力が足りない。でも、だからといってすぐ切り捨てるのは早計である。

クラスで下から十番前後の成績に位置する生徒を、個別的に教授すると成績がすっと上がるときがある。ある数学教師がこの一群に放課後授業を実施したところ、効果が目に見えて現れた。テストの成績がぐんと上がったのである。それとともに、成績が上がったことが励みになり表情が明るくなり、それまでのすねたような態度が消えた。

「俺は頭が悪いから」と言い、勉強はてっきりあきらめていそうな生徒が、勉強がわかるとすごくうれしそうな顔をする。「おちこぼれ」と思われている生徒も、心のなかでは「勉強がわかりたい」と強く願っている。教師はこの事実を忘れてはいけない。

個別的授業

Wは落ち着きのない性格で、学習に困難を感じ勉強にやる気をなくしていたが、持ち前の明るさと憎めなさから、生徒からも教師からも笑顔で迎えられる得なところを持っている。

ただ三年生の二学期ともなると、周囲は高校受験モード一色になる。さすがに能天気なWもおちこぼれ感を強め、わからなくてもいすに座っていなければならない授業中の苦痛は、以前にも増して強まっていった。やがて学業不振は生活行動面に影響を及ぼした。ずる休みや学内の不良生徒とのつき合いが増え始め、無断外泊も生じた。学校にはライターを持ってきた。家庭では、親の注意に反発し悪口雑言をはき、家庭内暴力が発現した。

担任教師がどうしたものかと思いあぐねていた時期、ちょうどWは足を骨折した。三階の教室に上がるのが困難だったため、苦肉の策として、わたしが一階の特別教室で授業を行うことになった。

Wの学力に合うよう国語と数学の教材をわたしなりに焼き直し、Wのテンポに合わせた個別授業を行った。するとWは、教室での授業のときとまったく違った反応をした。

普段は十分ももたず私語を始めるのに、三十分間集中できた。好きなサッカー選手が書いた記事を朗読させると、大きな声でひっかかりひっかかり一所懸命読み出した。時間の関係上、中途で終ろうとすると「最後まで読みます」と言い、結局六頁にわたる長い文章を読みあげた。自分の理解が遠く及ばない授業と違い、自分にあった教材で個別授業だったため、自分のための勉強という実感を持つことができ、学習に集中できたのである。本人も達成感といおうか、充実感は久しぶりだったようで、高揚していた。

わたしは、「社会に出たら人と接し話す力が重要になる。人前で声を出して本を朗読することは、人を前にしてはっきり話せる練習になる。君は今日、それがとてもうまくできた」と褒めると、Wはにこっと笑った。担任教師にこのときのWの様子を伝えると、驚いていた。だれだって、わからない授業をじっと座って聞いていなければならない状況は、苦痛以外の何ものでもない。でも理解できれば楽しいものになる。わたしは学習意欲に乏しいWに、「〝学校の勉強は社会に出ると役立たない〟と言う人がいるが、それは真っ赤な嘘。努力しない人が作り上げた言い訳。世のなかの仕事は、中学校の数学や国語の知識を使うことが多い」と具体例をあげて説明した。

W自身、今のままでは高校受験しても合格できそうもない不安を持っていた。この後、わたしに「先生。一日に二時間、こうした授業を続けてください」と申し出てきた。能天気に見えても、内心Wなりに勉強して少しでも成績を上げたいという願いを秘めていたのだ。個別授業ならば少しは成績が上がるのではないかという期待を抱いた。ただ残念ながら諸事情から彼の願いを実現させられなかった。個別授業に手ごたえを感じていただけに、彼の要望に応えられなかったことは今も心残りになっている。

掛け算九九もあやしい、学力の遅れが著しいTの事例を紹介したい。

一年生のときに野球部に入部したが、簡単なサインすら覚えられなかったというエピソードの持ち主である。授業にまったくついていけず、担任も打つ手がなく身動きが取れないなかで、わたしが数学と英語の別室個別授業を任せられた。

実際指導にあたってみると、小学二年生レベルの教材がちょうど合っていた。この学力では通常学級での授業についていけないのはあたり前だった。Tはわたしに「普通教室でみんなと一緒にいたい。でも授業を受ければ受けるほどどんどん自信がなくなっていく」とぼそっとつぶやいた。お人好しな性格だが、Tなりに悩んでいた。

マンツーマンでTに合った問題を与えた。わからなければていねいにくり返し教えた。Tは問題が解けると大喜びだった。赤鉛筆で八〇点をつけてやると有頂天になった。

児童相談所で知能検査を実施したところ、平均をかなり下回る数値しか出なかった。でもクラスの仲良しと離ればなれになりたくなかったのだろう。他生徒から「ガイジ」とからかわれそうな気がしたのだろう。特別支援学級に編入されるのをとても嫌がった。

中学三年になって特別支援学級編入措置となったものの、登校を渋っていると聞いたので、いつぞやこんな話をした。

「先生は保護司として、（万引事件で保護観察になった）特別支援学校高等部の生徒を担当したことがあるが、彼は卒業後運送会社の倉庫係として就職できた。給料は十万円あまり。職場では皆から良くしてもらっていた。彼が正社員として就職でき、職場でも明るい気持ちでいられるのは、素直な性格やまじめな仕事ぶりがあるからだよ。特別支援学校で礼儀や常識をきちんと学んだおかげだよ」

わたしの言いたいことをTがどこまで理解できたかは定かでなかったが、ただ給料の十万のところには「すげー」と反応していた。

個別に関わらないと気づかないことがある。ある生徒の「や」の文字は、どうみても「か」にしか見えない。かたわらで書いているのを見ていると、書き順が違うのである。生徒は、最後に書くべき斜め縦棒を最初に書いた後、間延びした「つ」を書く。すると、およそ「か」にしか見えない文字が完成する。指摘して書き順を教えると、びっくりしたように、「そうだったのか」と照れ気味にうなずいていた。書き順通りに書かせると「や」になった。

Kは左手で文字を書く。見ると文字を書く鉛筆の動きがぎこちない。アルファベットのmを書こうとすると、縦の線三本がうまく書けず二本になってしまう。まるで利き腕でないほうの手で書いたときのような、自分の意思どおりに動かないぎこちなさだった。ためしに鉛筆を右手に持ち替えさせ書かせた。すると左手で書いていたときより、ずっときちんとした文字が書けた。左手ではノートのますからはみ出ていたのが、右手ではますに収まった。

聞くと、「小学四年生まで右で書いていたけど、左で書いてみたらわりとうまく書けたので、そのままずっと左で書いている。やっぱり左より右のほうが書きやすい」とのことだった。Kはもともと右利きだったのである。書きにくいならばもとに戻せばいいものを、自分では修正できず親もそのまま放置し、教師もてっきりKは左利きと思い込んでいた。こんなこともあるのだ。

いくら勉強ができなくとも、生徒は遅かれ早かれ社会に出て、それぞれのあり方で〝自立〟が求められる。おちこぼれということばがあるが、おちこぼれとは成績の悪さを指すものではない。本人がおちこぼれ感にとらわれ、自分をダメな人間と思い否定してしまうことから起きる。わたしは非行少年との関わり合いを通して、おちこぼれ感を持たせないことが人の幸せにつながると痛感している。学校には、勉強ができないからといってすべてがダメと生徒に思わせない教育をぜひ実践してほしい。

個別的授業は、やり方ひとつで生徒がおちこぼれから解放されるきっかけになり得る。授業についていけず、〝お客さん〟状態のおちこぼれ生徒を一変させる。「自分だってできることがある」という明るい気持を持たせられる。取り柄がないと思っていた生徒がやる気を見せ、本人にも周囲にも新たな発見をもたらす。自分なりに生きる道筋を示唆してくれる。

発達障害へのつぶやき

ある中学校校長は、「この学校には発達障害の生徒が六パーセントいる」と言い、しきりに教育の困難さを訴えていた。校長の言に従えば、全校生徒五〇〇人の学校ならば数にして三十数人、なんと一クラスが発達障害の生徒で埋まる計算になる。ただ、「診断基準のハードルが下がり、安易に〝発達障害〟と診断されている」と、最近の過剰診断の風潮に警鐘を鳴らす専門家もいる。発達障害なるもの、生活する環境や適応の仕方いかんで障害になったり性格の問題になったり、診断はできても治療法が十分確立されていないこともあって、専門家の間でもいろんな見解があるようだ。

わたしがまだ矯正の第一線に勤務していたころ、ある精神科医から少年院での発達障害の指導教育の実情について質問を受けたことがあるが、学校はいかなる指導教育を実践しているのだろうか。病院臨床においてもまだ手探りというなかで、学校には発達障害児が六パーセントを占めるというならば、どの領域よりも学校が発達障害に関する多くの知見を持っていていいはずである。学校には自前の教育指導マニュアルをつくってほしい。作成の過程で問題が整理されさまざまなことが明らかになってくるはずだ。ある教師は思い通りに行かない状況を、「らせん階段でもいいので少しずつでも上に上ってくれればいいが、同じところをぐるぐる回っている感じ」と無力感を漂わせながら話していた。本当に難しい。限界を感じるときがあると思う。でも現場での経験に裏づけられた意見、指導の工夫、実践の積み重ねが本物の体系的な形をもたらすのではないだろうか。

話はわき道にそれるが、いつぞや発達障害を取りあげたテレビ番組が流れていた。通常の授業のやり方では学習が難しいことから、短い言葉を書いた大きな紙を黒板に貼りつけ視覚的に訴える授業の映像が流れていた。わたしは、この方法は別に発達障害をもつ生徒向けだけのものではないと思う。障害があるなしに関係なく、生徒みんなに通じる有効な教育方法である。人は単に話を聞くだけより、話にそった絵や映像などがセットになっているほうが頭に入り理解しやすい。話だけでは退屈してしまう。

「わかりやすい」、「楽しい」授業にするためにはどうすればいいいか。忘れてはいけない教育の原点である。学習とは聴く、話す、書く、読む、見る、考える、実際に演じる、動くことによって、脳・身体・感覚器官がバランスよく刺激され、「継続は力なり」というように反復学習が加わり、身につくものである。これは障害のあるなしに関係ない。

「特別のように思える個々の事実から、一般的、本質的な問題が明らかになっていく」と思っているため、つい学校長の発言に過剰反応し、とりとめのない話をしてしまった。

中一ギャップ

最近ときどき耳にする「中一ギャップ」について考察する。

中学生になってもおよそ中学生とは思えない幼い生徒を結構な割合で目にしていると、彼らは小学校で、一体いかなる教育を受けてきたのだろうかと考えてしまう。

以下は、小学五年生の息子を持つ知人が語ってくれた、授業参観中の出来事である。

「わたし（知人）が少し遅れて教室に入ってみると、子どもたちは勝手にしゃべりまくっていて騒然としていた。担任の女性教師は途方に暮れ、まるで授業の体をなしていない。あきれ果て、反射的に〝うるさい。何だお前たちは〟と大声で怒鳴ってしまった。子どもたちはしーんと静まりかえり、一瞬置いて女性教師は〝わーっ〟と泣き出した」

わたしは小学校にも関わる機会を得ているが、小学校と中学校の間の生徒指導のあり方にはどうも連続性が感じられない。小学校の生徒指導は、一体いかなる位置づけがなされているのだろうか？　小学校と中学校は共通の認識と具体的な目標を持ち、一貫したプログラムのもとで指導に取り組んでいるのだろうか？　小学校教師のなかには、「生徒指導」ということばに「厳しく叱りつける」「枠にはめ込む」「個性を抑える」といったイメージを持っている人がいるかもしれない。「小学校低学年に厳しいことを言っても仕方あるまい」という意見は、生徒指導の意味を勘違いしている。生徒指導とはそういうものではない。この世のなかで人として生きる上で基盤となる行動を獲得、学習させることを言う。

小学一年生にも二年生にも、正すべき行動があれば年齢にあったやり方でしっかり教える必要がある。そのあたりを放置しているから、子どもはわがままが許されると思い、いつまで経っても自分中心で我慢が身につかない。やがて手に負えなくなる。

ある小学校教師は「言うことをきかない高学年は受け持ちたくない」と言っていたが、このことばはいみじくも小学校の生徒指導の貧弱さを示す。先に「中学二年になってもまるですずめの学校」と形容したが、小学校のしわ寄せが中学校に来て、中学校教師は生徒指導にしゃかりきにならざるを得なくなっているといえば言いすぎだろうか。実際新米の若手教師はお手上げという状態だった。小学校と中学校は、義務教育全体を通じた生徒指導のあり方について、もっと一体的かつ真剣に議論すべきである。

もうひとつ、教科教育について述べたい。非行少年のなかには小学校二、三年生レベルの学力しかない少年が珍しくない。マスコミでは分数ができない大学生の話題が取り上げられる。小学校はこの実態をどう認識しているのだろうか？

わたしは学年の担任が集まり、どうやって教えれば理解が容易になるか熱心に話し合っている授業研究の光景を何度か目にした。小学校教師は、以前とは比べようもなく高い教科教育技術を備えている。ただ一方で、生徒の個別的な成績については口を閉ざし、立ち入らないよう決め込んでいる風に思える。「それ以上は本人の問題、家庭の問題」との立場かもしれないが、小学校の学習は中学校や高校の学習とは違う。あらゆる知識の土台となるもので、基礎的な読み書き計算がわからない児童にはもっとお節介になって、個別的に徹底した反復練習、ドリル学習を行うべきである。基礎学習ができていないと後までずっと尾を引く。

中学校になると、俄然成績の良し悪しがクローズアップされるが、おちこぼれの芽は小学生のときから芽生えている。おちこぼれの芽は早いうちに対処するべきだが、小学校は対策に積極的でない。三段階に分けた大まかな「絶対評価」の影響もあるのだろう。学校で成績の序列を行わないために、児童も保護者も成績に鷹揚にかまえ、教師も「子どものころから勉強のことをそんなに言わなくても」という姿勢のほうが雰囲気的に落ち着き、何となく現状肯定しているのかもしれない。

このように、わたしの小学校と中学校での体験からいえば、「中一ギャップ」は小学校と中学校との間の生徒指導や、成績評価の違いに少なからぬ原因があると思う。新入生は、小学校と中学校の教育のあり方にギャップを感じ混乱する。

教師冥利

三年生が卒業を前にした二月、わたしが掃除をしていると、数人の生徒が用事もないのにわたしのもとに来て、にこにこしながら記憶に残らない話をしていく。

どの生徒も、わたしが声をかけていた生徒である。教科や部活動を担当する立場でもなかったので、生徒との濃密な関係は無理と思っていた。ただ「自分の一言が少しでも生徒を支えることにならないか」という気持ちで、生徒から「変なおじさん」に思われる覚悟で、だれかれなしにことばをかけていた。

離任の時はふたりの生徒が駆け寄ってきて、「先生、お世話になりました」とお礼をのべてくれた。ひとりは二年生の時に他生徒からふざけ半分に殴られ、うずくまっているときに介抱し、また勉強がわからず悩んでいたとき、「生き方」について話した生徒だった。もうひとりは野球部の生徒で、体育の授業で一緒にバドミントンをしたこともあり顔を覚え、中体連の大会には応援に駆けつけた。わたしがついていたクラスの生徒ではなかったが、姿を見かけるたびにバッティングの話を交わした。

　短い間だったが、いろんなことが思い浮かぶ。痩せて、見るからにひ弱そうなある男子生徒は、体育祭での組体操がなかなかできなかった。逆立ちからの前転ができず、練習のときつきっきりで支えてやったがうまくいかず、無理かなと諦めかけていたところ、本番の前日、まさに土壇場でできた。当日、演技が終ったあと「できたね」と声をかけると生徒はにこっと微笑んだ。夏休みに入る前、その生徒から心のこもったカードをもらった。よほどうれしかったのだろう。わたしもうれしくなって、この感謝カードを名札の裏に入れて勤務した。

　非行少年に共通する問題のひとつに、何かをやり遂げたという体験が欠如していることがある。達成体験や成功体験は「自分だって捨てたものではない。努力すれば何とかなる」といった自己効力感を生み、意欲、自信、主体性の源泉になる。他人から見ればささいなことのようでも、この生徒にとっては、とてもできそうに思えなかった組体操が練習の結果、できるようになった体験は将来の人生に必ず好影響を及ぼす。

　今まで非行少年を相手にしてきたが、矯正の世界では残念ながらここまでいきいきした反応は得られなかった。しかし学校教育ではこちらが働きかけた分、生徒の反応が直に跳ね返ってくる。それも少なくない頻度である。「ああ、これだ。これはとうてい他の職種では味わえない。まさに教師冥利に尽きる」と感じた。

学校教育を考える

おちこぼれをひとりでも少なく

　非行少年に文章完成法という心理テストを実施すると、「自分は」の刺激語に「おちこぼれ」と反応する少年が珍しくない。さらにこの反応をとりあげ面接を深めていくと、中学生のある時期に自分の成績の悪さを痛感し、おちこぼれ感にとらわれるようになっていることが浮き彫りになる。

　中学生には高校受験という大きな出来事が待ちかまえ、学年があがるにつれ生徒は成績を気にする度合いを強め、自己のランクづけを行う。そして、ランクづけは劣等感を芽生えさせる。生徒たちは、学業成績の良し悪しは人生を左右しかねないというまわりの空気を感じている。三年生になって部活動が終わる二学期ともなると、いよいよ高校受験は差し迫った問題になり、成績の良し悪しを一段と意識させられる。

生徒のなかには、成績を過度に気にするあまり心身の変調を呈する者がいる。問題行動を起こす生徒もいる。中学二年の夏休みを境に非行化する少年が多い実態から、矯正の世界では「危険な十四歳」ということばがあるが、部活動が終る夏休み以後の三年生も、同じように生徒が不安定になる時期である。

教育というものは、本来生徒を教え育まなければならないはずなのに、学業についていけない生徒を生んでしまう矛盾した一面を内包する。だからこそ学校教育は、競争社会を受け入れつつおちこぼれ感を持たせない工夫をしなければならない。おちこぼれをひとりでも少なくし、自己効力感を持たせる使命を負う。そのためにはもっと「学ぶこと」の先にある「生きること」に焦点を合わせた教育を行ってほしい。まずは「人生とは」、「幸せとは」、「自立とは」といった哲学的なテーマについて、しっかりおさえる。これが教育の出発点であり、教科教育（知育）と生徒指導（徳育）をどう進めるかの前提になる。そして、生徒が自分なりの人生に向って、自分のペースで努力を続ける姿勢を身につけるよう導かなければならない。

テストの成績が良いに越したことはない。しかしテストの成績はそれ以上でもそれ以下でもない。世のなかには、五教科の成績以外に大事な勉強がたくさんある。少々の成績の悪さにとらわれることはない。何よりも大事なことは勉強の楽しさ・学ぶおもしろさを実感させ、学習に対する前向きな意欲を育てることである。そして「自分だって捨てたものじゃない、できることがある」という体験をさせてほしい。自己肯定的な感情を持たせ、おちこぼれ感にとらわれないようにすることがとても重要である。進学した高校や大学の名前で人生が決まるものではない。

人は幸せになる権利をもつ。ということは、税金を徴収してなされる教育は人を幸せにする義務を負う。人間には、対立や犯罪、戦争を生んでしまう権勢欲、優越欲、支配欲、攻撃性といった欲望が存在する。この欲望が負の形をとって暴走しないよう、いかにコントロールするかが人間社会の永遠のテーマである。それは賢明な知性と深い徳性によって実現される。

学校教育は、子どもが小学生のときからこの重要テーマを意識した取り組みを行い、個人、人生、社会の広がりのなかで、「幸せとは」といったテーマを念頭においた教育プログラムを立てるべきである。世のなかの一部の人間ばかりが利することがない、差別がない社会をつくるよう互いの個性や能力、違った生き方を認めあう価値観づくりに努めるべきである。生徒それぞれが持ち味を生かす道があることを、人間の生き方に優劣はないことを内面化させたい。生徒に本当の自信と主体性を持たせ、おちこぼれをひとりでも少なくしたい。この実現への努力が常識、道徳観、思いやりといった子どもの社会性や人間性をはぐくんでいく。

「学ぶこと」の先にある「生きること」

「学校の勉強なんて、社会に出れば役に立たない」と言う生徒がいる。教師のなかにも「学校の勉強が社会でどの程度役に立つのかわからない」と口にする教師がいる。

一方、鑑別所に入ってくる少年と話すと、「自分も中学生のころはこの台詞《せりふ》を使っていた。でも現実は違った。仕事をしてみてはじめてわかった。基礎的な勉強はしていないと困る。上司から〃お前そんな計算もできないのか〃と小馬鹿にされる」と言う。

わたしは中学生を相手に講話を行う際、時々、非行少年が社会で味わった苦労話を引用する。「中学校で習う勉強は生きるうえで必要最低限なもの。基礎的な学力知識がないと損をするよ」、「今勉強しておかないと後悔するよ」と説いている。

ひるがえって、わたしが見聞きした主要五教科の教師の授業からは、「仕事に役立ち、世のなかで生きるためには必要」というメッセージが伝わってこなかった。いったい教師は「学ぶこと」の先にある「働くこと」、「生きること」について、どの程度意識しているのだろうか？　もし「学校しか知らない自分に、授業と世のなかとのつながりはわからない、説明できない」と言う教師がいるならば、書物等の力を借りればいい。教師は「学ぶこと」の先にある具体的な「生きること」、「働くこと」を生徒にもっと伝えてほしい。実生活感のある授業を行ってほしい。そうすれば生徒も「へえー、この授業はそんな風に役に立つんだ」と、授業にリアリティを感じ、学習意欲ももっと高まるはずだ。

教科と仕事をつなげる

物足りなさを感じることがしばしばだった授業のなかで、唯一「社会」の授業は生き生きしていた。この教師は「模擬投票」、「貿易ゲーム」を取り入れ、全員参加の形態をとり、授業は大いに盛り上がっていた。話を聞くだけでない、実際に投票し、お金の計算をしていた。生徒にとって勉強がどういう形で仕事に役に立つのか、社会生活につながっていくのかリアリティがあった。

学校の図書室をのぞくと、『5教科が仕事につながる!』[9]という本があった。灯台下暗しといおうか、教師は学校にある本の存在を知らなかった。この本は生徒用にも教師用としても活用できる優れ本で、五教科以外にも、音楽、技術家庭科等の特別教科も出ているシリーズものだ。まさに「教科と仕事をつなげる」際の虎の巻になり得るもので、数人の教師にこの本を紹介したところ大いに喜ばれた。

社会性

世のなかで生きていくためには、教科学習以外に社会人としての常識や対人的なスキルなど身につけなければならないことがたくさんある。そこで、学校の授業に「社会性学習」の時間を設けることを提案したい。授業は、実生活にすぐ役立ち利用できる、わかりやすい内容とし、従来の道徳教育的な座学でなく、日々の生活で出合うだろうさまざまな場面をとりあげ、どういう振る舞いをするのが一番良いのかを実際に行動してリハーサルする。つまり、「ロールプレイによるソーシャルスキルトレーニング（ＳＳＴ）」である。

とりあえず、おおかたの学校が現に実施しているらしい「人権学習」の教材である就職面接劇を、同時に、場にふさわしい言動や振る舞いを学習させる教材としてアレンジしなおし、実施したらどうだろうか。ＳＳＴは現に医療や矯正で実施されており、学校教育にもいろんなところで活用できる有用な技法である。

話す行為

先に、挙手する一部の生徒ばかりを指名し授業を進めるやり方について問題提起したが、このやり方では、学校時代、一度も発表したことがないという生徒が出かねず、教育上問題と思ったからである。

そもそも「口を開く」、「話す」という行為は、学習と能力向上に必要な「見る、聞く、考える、書く、話す、身体で覚える」のなかの重要な要素のひとつである。その大事な行為がこのやり方の授業では抜け落ちてしまうのである。話しことばはコミュニケーションの手段として大きなウェイトを占める。社会では、自分の考えや意見をことばにして、相手にきちんと伝えなければならない場面はしょっちゅうあるし、人前で筋道立てた説明を求められることも多い。話すという行為は生きていくうえでとうていないがしろにできない。どうも学校の授業は「話す」、「発表する」という行為について、問題意識不足でおろそかにしているように思えてならない。

おしゃべりとかおとなしいといった次元の話ではない。社会で自立するために必要な「話す」行為について論じている。わたしは非行少年の授業で、話す力を養うために、ときどき自己紹介という形で三分間スピーチを行わせていた。

わたしの中学校教育モデル案

矯正施設では、対象者の生い立ち、家庭、人格、能力、価値観等について調査し、更生に必要な問題改善と目標設定を行い、そのうえでなるべく共通の属性を持った者をグルーピングして処遇教育を実施している。調査診断力や教育力の足りないところは外部専門家の力を借りている。病院臨床でも精査診断があってはじめて科学的、合理的な治療が行われる。見当違いの治療をして患者に不必要な負担を与えないよう、効率的に治療効果を上げるためである。

むろん学校を矯正施設や病院と同列に論じるつもりはない。しかしながら、同じ人間を扱っている分野の良き点は謙虚に学ぶ姿勢を持つべきである。応用できるところがあれば、学校向けに焼き直し取り入れるといい。このようなことを言うのは、今の学校教育が生徒の個性や学力に応じた教育のあり方について、もうひとつ真剣に論議していない気がしてならないからである。

教材だけ見ればその豊富さと充実ぶりは、ひと昔前とは比べようもない。しかし相手あっての教材である。学校現場や教育行政は、授業について行けない生徒が二割前後はいるだろう現実をどう認識し、いかなる対策をとっているのだろうか？　勉強ができる生徒もできない生徒も一律に同じ授業を行う光景を目の当たりにすると、「何という非効率」、「何という愚」と感じざるを得ない。できない生徒、できる生徒、教える側の教師それぞれに不幸なことが延々と行われている。いくら教師が素晴らしい授業をしたつもりでも、受ける側に一定の準備状態がなければ何も伝わらない。

中学三年生では、一学期は中体連の熱気が学校全体を覆っているが、中体連も夏休みも終わり、二学期になると雰囲気は高校受験モードに一変する。授業中、教師の口からは「この問題は試験に出るよ」など、受験を意識した台詞が増えていく。成績のランクづけは一気に表面化し、今までカツカツついてきていた生徒は、「やっぱり自分はダメだ」と努力を放棄する。今まで相手にしてくれていた級友も受験のことで頭がいっぱいになり、相手にしてく

図3　わたしの中学校教育モデル

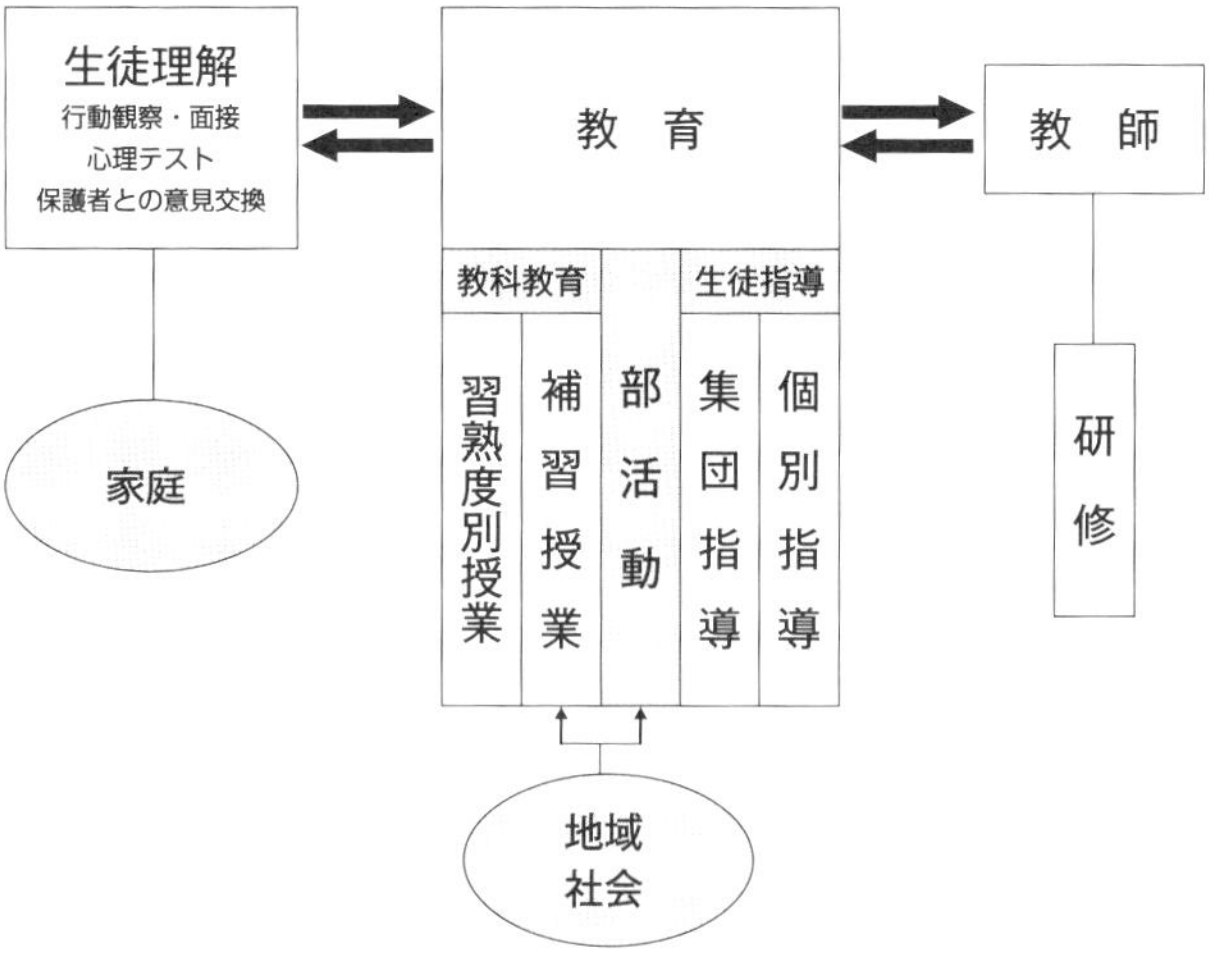

れなくなる。孤独を感じてしまう。わからない授業はますますわからなくなり、焦り悩み、といってどうしようもなく、時間だけが過ぎていく。学校はすっかりおもしろくなくなる。最下位にランクづけされている高校に進学するしかない自分に、無力感と劣等感を感じてしまう。一部生徒は学校から離脱し、同じおちこぼれ同士で外れた道に走ってしまう。こうした生徒はたとえ高校進学しても、前向きな気持ちや自分への自信がないため、高校生活にも充実感を見出せず、早晩中退の道をたどる確率が高い。

こういう経過をたどりかねないおちこぼれを、ひとりでも少なくするためにはどうすればいいだろうか？

以下、今まで指摘してきた学校現場が

かかえる問題を踏まえ、中学校における教育のあり方や具体的な仕組みづくりについて提案してみたい。

図3はわたしが考える教育モデル案である。概略を述べると、まずは教育の前提となる「生徒理解」の重要性である。そのうえで「教科教育」と「生徒指導」を教育の両輪にし、教科教育には一律授業の弊害を減じる「習熟度別授業」を取り入れる。また「部活動」を学校教育の重要な柱として位置づけた。

教師の力量向上を促すためには、生徒指導に関する「研修体制」の充実が不可欠。また、複雑化する社会情勢のなかで、教師の引き出しには限界がある。幅広い社会経験と豊富な知識を持つ「地域住民」を有効活用したい。

心理学的アプローチ

「生徒を知るには?」と問えば、大半の教師は「授業態度、テストの成績、休み時間の行動、友だち関係、部活動を通じて」と答えるだろう。実際、学校生活では生徒のさまざまな側面を見ることができる。

ところで生徒の内面理解についてはどうだろうか? 人の内面について言い出したらきりがないという御仁もいるかもしれないが、ここで「内面理解」の重要性を提起するのは、紋切り型、一方的な生徒指導の場面を何度か目にし、あまりに個別性が感じられなかったからである。ある教師は、問題生徒を前に「何か話さなければいけないと思うが、どう面接していいかわからない」と悩んでいた。

少年鑑別所の資質鑑別は、平たく言えば人間理解の作業である。参考までに少年理解の方法を示すと、図4のとおりで、行動観察、面接、心理テスト、社会調査（保護者面接や関係機関との意見交換）から成る多面的な情報収集を通じて客観的、立体的な理解に努めるものである。学校教育においてもこうした視点を持ってくることで、生徒への深い理解、効果的な生徒指導が可能になるのではないかと思う。

図4　少年理解の方法

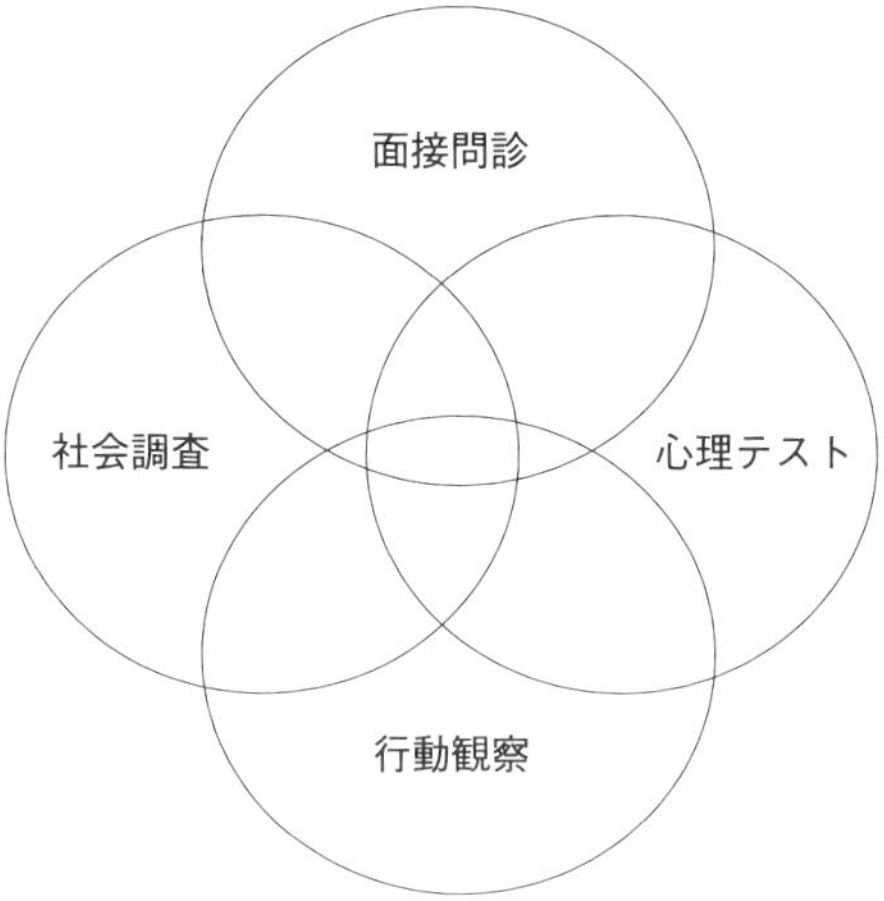

最近、中学校では、生徒を知るために「Q-U」なる心理テストを活用し始めていると聞く。特に専門的な知識を要せず、しかも短時間の調査によって、学級内における個々の生徒の適応状態と学級集団の状況を知ることができるという理由で、このテストが取り入れられたらしい。

そこで提案だが、この「Q－U」に「文章完成法」（以下「SCT」という）なる心理テストを加えれば、生徒個々のいっそうの理解が可能になると思う。

SCTとは、「こどものころ」、「お父さん」、「夜になると」、「学校では」、「わたしはよく人から」といったことば（刺激語）が並んでおり、「このことばを読んで、思いつくことを何でもいいので書いてください」と教示し、刺激語にどういう反応をするかを見るものである。刺激語から連想する超ミニ作文といったらイメージしやすいだろうか。普通二十分もあれば実施できる。スコアリング等の手間をかけずに素早く解釈でき、実務家に使い勝手のいい心理テストである。

詳細は専門書に譲るが、解釈は対家族感情、友だち関係、自己イメージ、学校での適応状況、興味関心、意欲、欲求感情、物事のとらえかた等の評価軸にそって読みこんでいくといい。心理テストというと、こむずかしい印象を持つかもしれないが、SCTは素人でもとっつきやすく、日記を読んで感想を持つぐらいの気持ちで入っていって問題はない。事例を重ね経験を積むにつれ、より専門的な解釈分析が可能になっていく。このテストの有用性はコストパフォーマンスの高さで、さらに反応をそのまま面接に使えるということがある。

少し専門的になるかもしれないが、人格テストには自分の性格を「はい」「いいえ」で答える意識レベルの自己評定法によるものから、心の深層を映し出すといわれるロールシャッハテスト等の投影法まで、さまざまな種類のものがある。意識を海に浮かぶ氷山にたとえれば、投影法が、海面深くに沈んでいる氷山、つまり無意識層を探ろうとするのに対し、SCTは、少し沈みこんだあたりに普段は抑制されている（忘れている――自己防衛のメカニズム）が、指摘されれば思い当たる（思い出す）というような、いわば「前意識のレベル」のものを見る。

具体例を挙げよう。ある少年は、面接では家庭や友だちの話題に「別に……」とそっけない応答に終始していたが、SCTには「子どものころ……愛されていなかった」、「友だちは私を……かわいそうな人だと思っている」などと書いていた。しばらく経って面接でそのことを指摘すると、少年は、「えっ、そんなこと書いていました?」とびっくりし、面と向かっては言いにくかったのかもしれないが、いずれにしてもSCTの反応が糸口になって、少年は心のなかの葛藤を吐露していった。

このように、生徒が書いた反応内容を手がかりに面接を深めることができる。先の「面接で何を話していいのかわからない」という教師の悩みにも応えられる。わたし自身、ずいぶんと重宝したテストである。

「Q－U」で学級内の適応状況に絞った情報を仕入れ、「SCT」で生徒個人の欲求、感情、問題を把握するという、二種類のテストを組み合わせることで、従来とは一味違った生徒理解と生徒指導が期待できる。

ばいい。

習熟度別授業

できる生徒もできない生徒もいっしょくたにして同じ授業を行うやり方は、不合理で無理がある。現場の多くの教師が思っているはずで、授業に習熟度別授業の仕組みを取り入れればいい。

ある数学教師は、「少し後押ししてやれば成績が上がりそうな生徒をどうにかしてやりたい」との思いが頭にあったと思われるが、希望者を募って放課後に補習授業をやっていた。わたし自身、先に述べたように〝お客さん〟状態の生徒が個別授業で生き返る姿を見た。「勉強ができないクラスに編入されれば、生徒が恥ずかしい思いをする。差別につながる」という意見があるかもしれないが、すでに生徒たち当人は、毎日の授業やテスト結果を通じて自分の成績がクラスのどのあたりに位置しているか、ある意味教師よりわかっている。同級生についてすら「〇〇君はこのあたり、△△さんはこのあたり」と正確に評価している。そもそも今の学校教育自体が、ひとつの物差しで生徒のランクづけを強いる状況になっており、差別でもないだろう。ひとりでもおちこぼれをなくすことが教師の使命である。ならば学校は、置かれている状況のなかで使命達成の工夫と努力をしなければならない。

授業中の教室を見渡すと〝お客さん〟の生徒がいる。彼らにとってわからない授業は苦痛以外の何物でもない。彼らは授業のたびに自分の頭の悪さを思い知らされ、落ち込み悩み苛立ち、深い絶望の淵に引き込まれていく。でも、みんなの前で「自分は頭が悪いです。ダメな人間です」と白旗をあげるのは自尊心が許さない。自己防衛のゆがんだ方法で、負け惜しみを言ったり、悪ぶったり、授業の邪魔をしたり、不登校になったり、非行に走る。

教科教育と生徒指導は教育の両輪である。両者は互いに影響を及ぼしあい、相乗的にプラスにもマイナスにも作用する。だから悪循環に陥らないよう、対策を講じなければならない。

「習熟度別授業」について、一学年三十六人学級五クラスの場合を例にとって考えてみよう。たとえば、個人の学力が鮮明になってくる中学一年生の三学期から、五教科それぞれについて成績の上位三分の二、下位三分の一に分け、上位組をA、下位組をBとする。Aが一二〇人いるので四十人学級三クラスとし、Bは六十人いるので三十人学級二クラスに分ける。Bクラスのほうが生徒数が少なくなるが、少しでも教師の指導が届くメリットが生じる。ある生徒は国語、数学、社会はA、理科と英語はBと、教科ごとにクラス編成が変わり、もちろん成績の変化に応じ、学期ごとの期間でクラス替えを行う。

習熟度別になるので、授業についていけない生徒は減り、理解の早い生徒は現在より一段上の授業が受けられる。結果として生徒全体の学力向上が期待できる。

さらにクラスに二、三人はいるだろう、通常の授業では厳しい生徒に関しては、まず特別支援学級の対象と判定できる生徒は原則「措置対応」とし、それ以外の種類の問題を抱える生徒については、地域によっては設置されているかもしれない不登校生徒の学校適応目的の「ステップルーム」制度などを柔軟に運用するといい。ちなみに、わたしが行っていた中学校では、ステップルームに登校する生徒の数は毎日多くて二、三人だった。この教室を利用するといい。普通教室では落ち着いて授業を受けられない生徒も、ステップルームでの個別授業には違った反応が期待できる。

前にも触れたように、授業中十分とおとなしくできず、まわりの生徒にちょっかいをかけふざけていた生徒が、個別授業では学習に集中できた。半年間、彼を見続けたが、そんなことは初めてだった。わからないところを教えようとしても他生徒の目を意識して嫌がっていたのに、個別授業では素直に集中して取り組んだ。「勉強なんてどうでもいい」と投げやりなことばを吐いていたが、内心では勉強ができるようになりたいと願っていた。とかく大人は、できない生徒を「やる気がない」と切り捨てがちだが、簡単に決めつけてはいけない。環境が変われば人間は変わる。

学校はその気になれば、運用の妙でできることがあるはずだ。習熟度別授業、放課後の補習授業、個別授業、特別支援教育が一体となって、有機的に機能する教育の仕組みづくりがほしいものだ。

教師研修の充実――ロールプレイを取り入れた一例

学級崩壊やモンスターペアレントのことがしばしば話題にあがる。教師が悩み、場合によっては体調を壊し休職に追い込まれる実情に、「教師のメンタルヘルス対策として、カウンセラーの配置を」と言う人がいるが、行政はなにかことがあると安直にカウンセラーをつけたがる。わたしも心理屋の端くれだが、最近のカウンセラーの重用は、問題の当事者がやるべきことをやらない免罪符として活用されているように思え、費用対効果の面でも疑問が残るところである。根本的な対策は教師の力量をあげることだ。ところが、わたしは肝心の教師を育てる研修体制にもうひとつ不備、不全を感じてならなかった。

現場教師の一番の心配事は毎日の授業のことで、「生徒が自分の話を静かに聞いてくれるかどうか、授業として成り立つかどうか」である。いくら準備万端素晴らしい授業を行おうとしても、生徒が騒ぎまくればどうしようもない。まずは生徒が私語をせず授業の邪魔をしないよう、生徒をコントロールできなければはじまらない。

若手教師の注意の仕方にはしばしば拙《つたな》さを感じた。生徒をうまく注意指導できない。ベテランのはずの教師にも同様の人がいる。ある若手教師から生徒への注意の仕方について相談を受けたとき、前から気になっていたことがふと頭に浮かんだ。それは職員室で先輩教師が若手教師に生徒指導の手ほどきをしたり、悩みに答えるといった光景をほとんど目にしなかったことである。昨今の世代間の交流の希薄さは、教師の世界でも例外でないのだろうか。教師の独立性の尊重から、若手であっても人の授業に口を出さないという組織文化があるのだろうか。それとも人を教えるゆとりがないのだろうか。学校では注意の仕方は避けて通れない大事な問題のはずだが。現場で難しいならば、教育委員会なり監督調整機関が、生徒指導にかかる体系的な集合研修等を実施するのが責務と思うが、ところが若手教師によれば、「注意指導の仕方の研修など受けたことがない」と言っていた。

「生徒が言うことをきかない」という問題は昔から存在しただろうし、今後も当然起きる。現場教師にとって生徒指導は教科教育と同じくらい重いウエイトを持つはずだ。にもかかわらず、わたしには、学校組織や教育行政は十分な対策を講じないままきているようにしか思えない。わたしの感覚からすれば不思議でならない。たしかに生身の人間の扱いは理屈でない、実務から学ぶところが大きい。しかし、教師という職務の重大さからすれば、初めて生徒と接する初任者に、生徒指導に関する相応の事前研修くらいあって然るべきである。

以下に、生徒指導にかかる研修として、「ロールプレイを取り入れた生徒への注意の仕方」の一例を示す。ロールプレイを取り入れる理由は、「注意する行為」は頭でわかっていても、そのときになるとなかなかうまくできないからである。

騒ぐ生徒をどう注意していいのか、どこまで注意していいのかわからず、戸惑っているうちに注意するタイミングを逸する。結果的に注意することに臆病になったり、逆に言うことを聞かない生徒に冷静さを失ってしまう教師は少なくない。将来起こるであろう現実に備えてリハーサルを行い、危機場面でどう振舞うべきかを身をもって感じられる体験は、生徒指導への不安を和らげ勇気と自信を与える。与えられた課題場面で、教師役を演じながらより良い注意指導の仕方を身につけさせ、また役割交換し、生徒役にもなって指導される側の生徒の感情や反応にも注意を払えるようになることを目的にする。

手順等

（1）課題場面を記載した用紙「あなたならどうする！」を配布する。
場面「授業中、一部の生徒が私語をするので注意するが、私語をやめず、さらに注意すると反発する」

（2）ロールプレイの進め方、学習の目的を説明する。
・模範的なパフォーマンスを無理してしようと思わなくていい。最初は「いつもどおりのやり方」でロールプレイを行う。
・人の批判はしない。良いところを褒める。その上でさらに良くする点を考える。
・全員で考え話し合ったうえで、より良い方法の見本となるような「モデルのロールプレイ」を練習する。

・良くなったところを褒める。

・自分とは違う、こういう接し方もある、とらえ方もある、やり方もあるといった問題解決の仕方を学ぶとともに、少しでも良い方法を全員で学び行動のレパートリーを広げる。

（3）教師役、生徒役、観客を決め、いつも行ってるやり方でロールプレイを行う。

生徒役の動きによってはさまざまな展開をとるかもしれないが、ロールプレイはあまり長くなると、注目すべき点や練習すべき点がわからなくなってしまうので、数分で終わらせるようにする。場面を適宜区切るのは指導者の役割である。

（4）いつもどおりのロールプレイの後、観客役だった人を含め生徒役、教師役、全員で感想・意見を出し合う。

まずは良いところを褒め、もっと良くするにはどうすればいいかを皆で話し合う。目的は「騒ぐ生徒をどうすればうまくコントロールし授業を成り立たせられるか」で、そのための良い方法を考える。

全員で考えるなかで必ず出るのが、注意の内容や言い方の工夫はむろんだが、生徒を注意する際の声の調子、視線、表情、姿勢、身振りについての意見である。実はロールプレイでは、ことばの内容以上に非言語的なコミュニケーションの要素に注目しており、練習の対象にしている。「目は口ほどに物を言う」ということわざがあるように、コミュニケーションにおいては、ことばの内容そのものよりもことば以外の要素の方が、実際には多くのメッセージを伝えるからである。[10]

生徒役をした人からは、注意を受けたときの気持ちの動きなど生徒の立場が報告されるだろう。生徒の不真面目な行動の裏にある事情についての意見が出たりすると、注意の仕方や内容も変わるかもしれない。実際の経験談、失敗談をもとにした意見もあるだろうし、ひとつの言動もきちんと整理して考えれば、多様な見方、とらえ方があることが理解できる。

（5）上記の意見を踏まえ、さらに良い方法を取り入れたモデルのロールプレイを別の人が行う。

このモデルを見本に、最初にロールプレイした人がさらにロールプレイして練習する。このように問題解決の仕方を学ぶために、少しでも良い方法をロールプレイによって段階を踏んで身につけるのである。

（6）適宜役割交換を行い、練習する。

生身の人間を目の前にしたときの注意指導には、相応の心構え、知識、訓練が必要とされる。ロールプレイを通じて、言い方の工夫はもちろん、ことば以外の声の調子、視線、表情、姿勢などの重要性を実感できよう。この種の集合研修はひとりでは得られない経験や、さまざまな情報を共有できるメリットがあり、生徒指導にきっと役立つ。

ひるがえって、授業をながめていると、ある先生の授業のときは静かだが、ある先生のときは私語が多くざわついている。この違いはどこからくるのだろうか。強面《こわもて》でもないのに生徒をコントロールしている教師を分析してみると、何か見えてくるかもしれない。

ある男性教師は、生徒がおしゃべりをしていると間髪をいれず注意し、その注意の仕方は手短である。悪いところは悪いとはっきり指摘する。

当の教師にそのあたりのことを聞くと、「いけないときは強く注意するし説教をする。生徒からは〝うるさい先生〟と思われていると思う。ただ授業中、生徒を押さえつけているところがある分、学級活動などでは生徒の自発性を重んじ自由に発言させる。少しぐらい騒がしくても許容し感情発散させている」と言う。ただ「生徒は自分がいるときは静かだが、自分が見ていないときは……」と少し嘆いていた。

この教師はスポーツマンで、人間関係において気遣いができる性格だった。若いわりに人間としての幅があり、教育への熱意が感じられた。まるで理想的な教師のようだ。ここまでなくても、生徒あるいは教師から「いい先生」、「味のある先生」として評判の教師が身近にいるはずである。彼の授業風景を研修教材として収録し、皆で分析検討を重ねるといった研修も一考に値する。

生徒指導

毎日のことばかけ

しぶしぶ登校するのでなく、生徒が明るい気持ちで学校に登校するというのは、どういうときだろうか。勉強がわかる、親友がいる、部活動に熱中している。そして忘れてならないのが、教師との関係、つまり「学校に行けば声をかけてくれる。自分のことを受け入れ気にかけてくれる。顔を見ると何となくほっとする」教師がいることだ。

人間には、自分に関心を持ってほしい、自分の存在を認めてほしいという欲求がある。承認欲求が充たされる安心感と安定感は、自己肯定感、自己効力感の土台になり、人格の成長を促す。生徒にとって教師との良好な関係は、学校生活を送る上で支えになり、不登校や問題行動の防止につながる。「ひとりでもおちこぼれをなくす」実現に通じる。

非行少年は自分勝手に見えても、内心では自分をわかってくれる理解者を求めている。「自分のことを話したい。話を聴いてもらいたい。わかってほしい」との願いを秘めている。彼らを処遇する側の人間には、非行少年であっても一個の人格として認めるという姿勢が求められる。この姿勢がなければ信頼関係は築けない。非行少年は、処遇する側が少年を見ている以上に職員をしっかり見ている。学校の教師と生徒の関係も同じである。教師は生徒からしっかり観察されている。値踏みされている。

教師は毎日生徒と顔を会わせ教壇から授業を行っているが、わたしから見れば、個人的に生徒とことばを交わす頻度が少なく感じられる。「調子はどう？　きのうは何時に寝たの？　日曜は何をしていた？　お父さんは元気にしている？」など何でもよい。教師はもっと生徒に声をかけてほしい。一度にクラス全員には無理でも一日に三人、あるいは五人に声をかけよう。生徒が話し出したら生徒のテンポに合わせ、話に耳を傾けよう。多忙な合間を縫ってのことばかけなので、ひと回りするのにも結構な時間がかかるかもしれないが、それでいい。なかにはそっけない反応の生徒もいるかもしれないが、内心みんな悪い気はしないはずである。生徒は気にかけてくれる先生がいることで、支えてもらっている安心感を抱く。生徒と教師の信頼関係が芽生える。教師は自然と生徒についていろんなことがわかってくる。

粘り強く

教師から「いくら指導しても改まらない生徒の指導はどうすればいいのですか？」という質問を受けることがある。残念ながらこの種の一般的な相談には、わたしは特別な答えを持っているわけではない。結局、信頼関係に心を配りながら、粘り強く対応するしかないと思うが、これが一番大切だと思う。こちらがムキになったりキレたりすると、生徒の関係も切れてしまう。くれぐれも自分を見失わないよう自分に言い聞かせ、生徒より一段上に立ったところから見守るゆとりを保っておくことだ。生徒と自分との間に何か共通点を見出しておくのも、自制心を保つひとつの方法だろう。とにかく、いくら揉めても破滅的な事態には発展させないよう、自分をコントロールすることが肝要だ。一日を乗り越えたら翌日も、そしてつぎの一週間を無事に、粘り強く指導を繰り返す。これに徹する。そして一か月、半年、一年、どうにかして卒業にこぎつけるのだ。

　中学生のころから問題児だった少年を保護司として担当したことがある。少年は高校を数日で中退し、その後何回となく盗みや脅しなど、事件を起こした。鑑別所に行き、裁判所で保護観察処分を言い渡されたが、相変わらず低空飛行が続いた。しかし十九歳になって恋人ができたころを境に、少年は変わり始めた。まじめに仕事へ行き出し夜遊びも減り、母親は息子の変わり様に大喜びだった。保護観察もきれて二、三年経ったある日、たまたま近所で少年と会った。すると当時はぶすっとしてあまりものも言わなかったのに、彼の方から、にこやかな表情で会釈してきたのである。ことばをかけると「元気でやっています」と答えた。

　その後母親と会った折、「息子が立ち直ったのは、親身に心配してくださった中学校のときの先生、職場の社長さんたちのおかげです」と感謝されていた。そう、彼が変わったのは、それまでのたくさんの人の働きかけの蓄積があったからなのだ。学校のときに気にかけ続けてくれた先生の姿が彼の心の片隅に宿り、後になって実を結んだのである。

指導している時は裏切られたり、残念な思いをするかもしれない。でも、子どもを信じ続けよう。

「若気の過ち」ということばもあるが、少年期の逸脱性と可塑性を頭に入れておいてほしい。その時は「いくら言ってもわかってくれない、伝わらない。こいつはだめだ」と思いたくなるかもしれないが、その後、立ち直る生徒は少なくない。決めつけると何も生まれない。熱い思いと地道なはたらきかけが、いつか結実する可能性を信じ、長い目で〝粘り強く〟ことに当たってほしい。

危機場面では複数の教師で対応する

対極に位置するような話題に変わるが、例えば、生徒が教師に暴言を吐き、今にも殴りかからんばかりの興奮状態を示しているとき、教師はどうすべきか？　生徒と同じレベルに下がって負けまいと言い合い、あるいはハッタリをかますのか。落ち着けということばを吐く以外、どうすればいいのかわからないまま立ちすくんでしまうのか。さっさと逃げるのか。一体いかなる対応をとればいいのだろうか？　矯正施設では、この種の危機場面ではひとりでは対応しない。いくら腕っぷしに自信があっても、必ず複数で対応する。職務常識である。むろんまわりにだれもおらず、身の危険を感じ咄嗟の対応をとらざるを得ない時は、自力で制圧しつつ応援を呼ぶしかないが、原則、人を呼び、必ずふたり以上で対応することにしている。

学校でこの種の暴力行為が懸念される場合は、学校は学年を超えた問題として理解を共有するとともに、何か起こった時の対応策を教師全員に周知徹底しておかねばならない。そうすれば隣の教室に起こっていることでも不穏な動きを敏感に察知でき、現場にすぐ駆けつけられる。当事者の教師は、生徒に指示し、ほかの教師を呼びに行かせることだ。くれぐれも「あの先生は若手の体育教師だから」、「他のクラスで起こっていることだから」、「わたしは女性だから」といって遠巻きに見ている教師がいることのないよう、教師間の意思統一をはかっておかねばならない。

複数対応は当の生徒をけん制し、暴発行動を抑制する。暴力に及んできても力の差でもって制圧でき、生徒も教師も怪我が少なくてすむ。教師もひとりではないことで、生徒に刺激され我を忘れることが抑えられ、冷静さを保ちやすい。複数の教師がいることで、後で問題になっても状況の客観性を証明できる。

餅は餅屋

残念ながら学校教育の力のみでは限界がある生徒が存在する。第三者のなかには「学校が生徒を警察に売った。教育者として恥ずべきこと」などの批判をする人がいるかもしれない。でも、そういう生徒は自分の感情や行動をコントロールできなくなっている状態と見なしていい。

学校教育も矯正教育も究極の目的は同じである。警察官、鑑別所や少年院の教官、家庭裁判所の調査官、裁判官、みんな子どもが立ち直るのを願っている。ことの上っ面だけ見て「少年院に行ってかわいそう」などと言う人にかぎって、警察や少年院を偏見の目で見、非行少年をラベリングしている。

わたしは少年院に決定した少年を何百人も見てきた。審判決定直後は、少年たちは肩を落とし意気消沈する。しかし、しばらくするとほとんどが「少年院でがんばってみる」、「やり直すきっかけにしたい」という前向きなことばを口にする。

以下は、少年院に決まった少年の日記の一部を抜粋したものである。

「結果は少年院でした。ある程度予想していたので、少年院はイヤだけど……、意外とショックはありませんでした。来てくれないと思っていた親父も審判に来て、〝何があっても見捨てん〟と言ってくれたし……。地域では〝○○の△△〟と有名になって仲間の手前、いきがっていたし、今は少し力が抜けた感じ。少年院はきつそうだけど、がんばろうと思います」

教師が生徒指導にベストを尽くすのは当然である。生徒の立ち直りを願う熱い思いを持っていなければならない。でも自分の能力以上のものを抱え込んでしまうと身が持たない。学校現場にはときとして待ったなしの判断が求められる事態も発生する。教師や他生徒の身が脅かされ、学校教育が侵害され、「これ以上は無理だ」と判断されれば、時期を逸することなく警察に援助を求めるべきである。餅は餅屋である。

部活動

部活動については、教師によっていろんな意見があると思う。なかには「割の合わないサービス労働」と言う教師もいるだろう。でも部活動の生徒に及ぼす影響、教育上果たす役割はとてつもなく大きい。

わたし自身のことを引き合いに出して恐縮だが、中学校時代のことで、今も強く思い出に残っているのは部活動のことである。以前、四十年ぶりの中学校の学年同窓会に参加した。二次会、三次会と飲み会は続き、最後にまわりを見回すと、いつの間にか部活動仲間ばかりになっていた。試合でだれが打ったの、チョンボ（ミス）したの、プレーに対する賛辞と同時に遠慮のない非難が飛び交い、よくもそんな昔のことを覚えているものだと感心しながら、同じ青春の日々を過ごした思い出話は延々と続いた。

わたしは転勤の多い職業生活を送ったが、転勤した先々でスポーツを通じて新たな人間関係を築くことができた。下手くそでも野球部に所属していたおかげで、職場のソフトボール大会でそこそこ活躍でき、地域の草野球にも誘われた。後半生は同僚から教えてもらったテニスを通じあちこちでテニス仲間ができ、孤独なはずの単身生活も苦にならなかった。すべて中学校時代の部活動から始まったスポーツのおかげと思って感謝している。

文化、スポーツを問わず部活動の良いところは、何といっても好きなことに熱中することにある。「うまくなりたい」という向上心からつらくても練習を重ね、一定の達成感を味わえる。同じ目標をもつ仲間がいることで安心感が生まれる。いろんな人との濃い人間関係を体験できる。座学授業と違い、部活動には能動性と身体化がある。身を削って得た体験は心に深く刻みこまれる。勉強が苦手な生徒や家庭的に恵まれない生徒にとっては、居場所と自己表現できる場になり得、非行等問題行動防止にも大いに役立つ。

部活動の良い面ばかり言っているようだが、実は、鑑別所に入ってくる少年のなかには、中学時代部活動で好成績をあげ、特待生として高校進学した経歴を持つものが珍しくない。ところが高校で技量が上がらず、あるいは厳しい練習についていけず、挫折し非行化してしまった運動部崩れの一群である。部活動の顧問教師には、部活動がだめになったらすべてがだめということにならないよう、長い人生を見すえた人間教育をくれぐれもお願いしたい。技能の獲得向上も大切だが、まずは人間形成である。

いつぞや「あの学校には美術部があるが、この学校にはない」という保護者の話を耳にしたことがある。科学系の部活動も少なそうだ。新聞を見ていたら、「ぬか床部」なる高校の部活動が紹介されていた。料理のハンドメイド部からスタートしたらしいが、こういう類の部活動が中学校にもあるとおもしろい。日本の食べ物の文化であり生物学の勉強にもなり、料理のおもしろさを身をもって感じることができ、将来の職業につながるかもしれない。こうした多様な部活動の存在は、世のなかにはさまざまな領域があることを知らしめるリアリティある進路指導にもつながる。

部活動の種類については諸事情から難しいところもあると思われるが、もし指導する教師がいないならば、地域住民の力を借りればいい。地域には技術系、芸術系、料理関係、農業などの仕事に携わってきたいろんな住民がいる。部活動がもつ教育力の大きさを考えれば、地域人材の協力を得ながらできる限り多くの部活動を用意したい。

地域住民の関与

中学校は小学校に比べ、地域の大人が学校に出入りすることが少ない。しかし地域には社会経験豊富な住民が住んでいる。

「教育の現状に改善の必要性は感じる。でも余裕がない、予算がつかない」と嘆くだけでは何も変わらない。やる気があれば運用の妙で実現できることは少なくないものだ。

人選には慎重を要するが、学校教育の充実化方策のひとつに、地域人材の有効活用を臆せず検討してみよう。教師とは違う視点からの彼らの動きは、生徒と教師に刺激を与え学校を活性化させる。補習授業、部活動、社会人講話、生徒指導など部外者を活用できる場はたくさんある。保護者と教師との間で対峙しやすい問題も、地域住民の彼らが間に入ることで緩衝材にもなり、相互理解、相互協力が生まれるかもしれない。

ところで、学校はどうして教室にさんさんと太陽が降り注いでいる快晴の日にも、照明器具を点けっぱなしにしているのだろうか？　わたしがいた学校だけの出来事だったのだろうか？　いつぞや教室を見てまわると全教室、暗くもないのに照明が点けっぱなしだった。わたしが電気を消したところ、しばらくするとまた点いていた。

昭和二十年代生まれで貧乏育ちのわたしにはまことにもったいない。教師は生徒に向かって節約の大切さを口にしているはずだ。しかしながら教師自身の実践が伴わなければ説得力はない。未曾有の大災害、原発事故により日本全体で電力のひっ迫が問題になっていた折だったが、管理職も何も言わない。ベテラン教師も何も言わない。学校はもっと生活感覚を持つべきである。この風景には違和感を持った。

瑣末なことを例に取り上げたようだが、教師集団は他のたいていの組織に比べ、個々の質は高い。でも組織として考えると、年齢も階級も関係なく、教師の互いの独立を重んじる横社会のためか、良い面もあるが、半面、組織としての動きがちぐはぐになりやすい。気づいていても互いの遠慮が先立ちチェック機能がはたらきにくいようだ。適宜、外からの風を入れ、異質な刺激を受けたほうが、組織も教師も成長できる。

あらためて学校とは、教師とは

学校教育は生徒の人格を育み、非行を抑止する機能を持っている。しかし一方で、学業成績の序列化によっておちこぼれ生徒を生み出しているパラドックスにも目を向けねばならない。人間の認知は当人の主観性から成るもので、学校教育も生徒の主観性から逃れられない。中学校生活におけるさまざまな体験は、良きにつけ悪しきにつけ生徒にたいへんな影響を及ぼす。

矯正の現場で非行少年と接していると、学校教育、学校生活の大切さを痛感することがしばしばだった。非行化の背景には家庭の問題が横たわっていることが少なくない。そのため親がいない生徒のなかには、教師を教師以上の対象としてながめる生徒がおり、教師の励ましの言葉に頑張ろうとする生徒がいる。教師にこうした自覚があれば、生徒はその教師を慕い尊敬の目を向ける。多感な時期における教師との出会いは生徒の心に刷り込まれ、彼の一生に大きな影響を及ぼす。

健全な成長を促さなければならない親が期待できないとき、家庭に代わってその役割を果たせるのはどこかといえば、それは学校しかない。家庭が駄目ならば学校なのである。教師なのである。中学生になれば朝の八時から夕方の四時、部活動に入っていれば辺りが薄暗くなるまで過ごす学校生活は、睡眠時間を除けば家庭で過ごす時間より長い。必然的に彼らは学校でさまざまなことを体験する。前にも述べたが、家庭に恵まれなくても立派に社会人として生きている人の話を聞くと、「俺がここまで来られたのは、学校で相談に乗ってくれる先生やかけがえのない友人に出会えたこと。打ち込める学問、スポーツ、好きなことがあったおかげ」と振り返る。

中学生になると、子どもっぽさは急に失せ、男子は男らしさ、女子は女らしさが際立ってくる。彼らは、自我の目覚めとともに自分なりのさまざまな思いを持ちはじめる。多感な彼らは家庭のこと、勉強のこと、友達関係のことなどをきっかけに不安定な心情に陥りやすい。勉強が嫌になったり、友だちのことで悩んだり、うまく行かない自分に苛立ったり無力的になったり、自分の弱さを隠そうと背伸びしたり、反抗的になったり、学校生活以外のところで自己表現しようとする。彼らは自立と依存の狭間で揺れ動いている。しかし同時に心身ともに成長著しい時期にあたる。学校生活でいろんな体験をし、人間にとって大切なことを実感し内面化し、成長していく。学校生活には、将来、血となり肉となる人間の土台作りのためのエキスがふんだんに詰まっている。

教師とは、人間の成長に関わり合うことができる、なんとやりがいあるすばらしい職種だろうか。

義務教育改革

学校って何だろう？　学校教育って何だろう？　わたしは、教育とは「自分だって捨てたものじゃない。こういう道で誇りを持って生きていける」と生徒を明るい気持ちにさせ、社会に送り出すことと考えている。

世のなかは半世紀前とすっかり様変わりした。社会は文明の進歩、文化の成熟とともに人々に深い知識と技能を求めるようになっている。人の一生は格段に延び、定年も延び、働かなければならない期間が長くなっている。成熟国家の義務教育ならば、社会に出る時に最低限必要とされる知識、技能、常識を生徒に身につけさせる内容でなければならないと思う。枝葉の改変でなく、そろそろ本物の義務教育改革に取り組んでほしい。

まずは教育基本法の前文に、「生徒各々の個性や能力に応じたさまざまな生き方、働き方を尊重する教育を行う」という理念を明記したい。社会は、お百姓さん、お医者さん、銀行員、大工さん、建築に携わる人、機械部品をつくる人、パン屋さん、トラックの運転手さん、コンピュータプログラマー、絵描きさんなどさまざまな職業の人がいてはじめて成り立つ。だれが欠けても不都合が起きてしまう。特定の職業の人が偉いとか偉くないというものではなく、職業・仕事というものは社会で取るべき役割の違いであって、皆がリスペクトされなければならない。悪しき学歴社会は人の尊厳や国の発展を妨げる。日本は今後どんどん生産人口が減っていく。ということは、一人ひとりの重みが増すということでもある。国や行政は、ひとりでも子どもがおちこぼれないよう対策を講じる義務と使命を負う。

各論に入る。まずは義務教育履修年限を現行の九年から十二年の五、三、四制とし、高校進学が九八パーセントを超える今、高校を義務教育化する。そして新たな教育体系は小、中、高、一貫教育とし、むろん具体的な内容は教育界のみならず産業界、労働界、ＰＴＡ等多方面から成る精緻な論議を通して構築される必要がある。

修業年限五年と短縮する小学校については、今の六年生は一昔前に比べれば身体的成長が早く性的に早熟である。女子は少しおしゃれな私服でも着せれば小学生と思えないくらいだ。社会的な刺激もたくさん受けており、さまざまな面でおませになっている。心理発達上、思考認知における抽象能力はぐんと伸び、中学生としてくるほうが適当である。

中学、高校教育では、今の中学二年生・三年生で発現率が高い問題行動、「とりあえず入学したものの充実感をもてない」というような漫然とした高校生活、また受け皿なく漂流する中卒者・高校中退の低学歴少年の実態を改善したい。

中学校の修業年限は同じ三年間だが、今の小学六年生が中学一年生、中学二年生が中学三年生となる。そして「成績が悪いので○○高校に進学するしかない」といった物差しで序列化されている高校進学を、生徒の個性や能力を活かす多様な進路指導と高校の特色化を取り入れることで改善を図る。

つまり高校については、何をするところか位置づけがはっきりしない現状を改変する。就職に直結した今の高等専門学校が実施しているようなカリキュラムを取り入れ、高校は社会に巣立つための実業教育と、大学で学ぶことに向けた大学進学準備教育を柱にする。年限は現行より一年長い四年に延ばす。高校までの義務教育で、社会で通用する知識、技能、常識、専門性を習得させるのだ。

高校進学前の中学校の進路指導では、世のなかにはさまざまな仕事や生きる道があり、それに応じたさまざまな人々の特性や持ち味が求められることをしっかり教えこむ。「学ぶ」ことの先にある、「働く」こと、「生きる」ことを自覚させるとともに、「自分は何をやりたい」、「こんな勉強をしたい」、「こういう道を進みたい」といった問題意識を引き出す。そして高校は、企業や社会が求める知識や技能を踏まえ、特色ある教育を展開する。

ドイツには「マイスター」なる教育制度があると聞く。(11) 十二歳で実業学校の職業教育コースを選び、技能を磨くというもので、大学に行かなくても「マイスター」となって社会的評価を受けるらしい。さすがに十二歳という年齢は早すぎると思うが、就職段階で「自分には何の技能もなく何をしていいかわからない」と悩んでしまう若者が少なくない日本で、「自分にはこれができる」という技能を身につけさせることは非常に意味がある。ドイツの教育制度を日本バージョンに焼き直し取り入れたい。

「座学は嫌いだが、体を動かすのは好き。モノをつくりたい」という生徒は少なくない。手仕事は若いうちに体で覚えなければならない面があるので、十四、十五歳からその道に入ると上達も早い。自分の個性や能力を活かす能動的な高校進学にしたい。目的意識をもって進学すれば、充実した高校生活が期待でき、人間教育もスムーズに実現できる。

中学生、高校生のときから「エリート」を育てる道筋があっていいし、いろんな世界での「職人」として生きていける道筋があっていい。

註

(9)『5教科が仕事につながる!』小林良子他著、ぺりかん社、全九シリーズ、二〇〇七―二〇〇九年

(10)矯正資料「SSTの指導手引き」法務省矯正局、一九九七年

(11)『学歴入門』橘木俊詔著、河出書房新社、二〇一三年

■十四歳の君たちへ

わたしが生徒に偉そうに訓示を垂れているという噂を聞きつけたらしく、学年主任から「二年生全員に何か話してくれ」という依頼を受けた。以下はその時の話である。

わたしは少年鑑別所などで非行を起こした十六歳、十七歳、十八歳の少年・少女たちに関わる仕事を長い間してきました。今も保護司という仕事をしたりして、非行少年とつき合っています。今日はわたしの体験から、君たちの生き方に参考になればと思うことを少し話してみようと思います。

非行少年の多くは中学卒業や高校中退の学歴の人がほとんどです。実は彼らと話していると決まって出てくる、ある台詞《せりふ》があります。それは、「高校をやめなければよかった」、「中学校のときもっとまじめにしておけばよかった」という後悔のことばです。

彼らは「学校に行かなければ、嫌いな勉強はしなくてすむし、自由になれる」「どうせ自分は仕事をするから」と言い放ち、学校に行かなくなりました。高校をすぐやめてしまいました。ところが、現実はそんなに甘くありませんでした。働こうと思っても働き口がない。

ハローワークの求人募集は紙の上では年齢不問です。でも実際は、中卒、高校中退の十六、十七歳の少年を右から左へと雇ってくれる職場なんてなかなかありません。苦労して見つけたところは給料をピンはねする職場でした。一歩間違うと「学校はやめたは、仕事に就こうと思っても良い職場が見つからないは」で宙に浮いてしまいます。結局、同じようにぶらぶらした仲間とたむろし、盗みをしたり人を脅したりして非行犯罪に陥ってしまうのが関の山です。

この絵（第三章で紹介した「大海原に放り出された漂流者」）を見てください。学校にも行かず、仕事にも就けず、この少年は海のなかでどっちに泳いでいいかわからないのです。目標を持っていません。そもそもひとりで泳ぐ力が育っていないのです。このままでは溺れてしまいます。この怖い鮫に食われます、悪い大人から利用されます。

今の皆さんには学校という生活の枠がありますが、この枠がなくなった生活を想像してみてください。学校に行かずにすみ宿題もないので、最初は自由で気楽な感じです。でも何もしない状況が続くと変になっていきます。夜遅くまでゲームをして昼まで寝ているようなだらしのない生活に陥り、やがて身も心も腐れてしまいます。「小人閑居して不善をなす」（板書）ということわざを知っていますか。「人間は何もしないで暇が多いと良くないことをしてしまう」という意味です。まさにこうなってしまいます。

一方、中卒でも高校中退の学歴の人でも社会に出て、立派に生きている人がたくさんいます。学歴もないのに成功したのはなぜでしょうか。成功した人の話を聞いてみると、世のなかで生きていくには何が大切かがわかります。

彼は学歴に代わるものを持っていたんですね。もちろん当時は歳が若く初めから仕事ができるはずがありません。大人相手にうまくしゃべれるはずもありません。でもつぎのような良いところを持っていたんです。

①人が嫌がるような雑用でも目の前のことをしっかりやる
②人の話に耳を傾ける
③学校の勉強はだめでも他のことで頑張ろうとする負けん気がある

皆さんはこの三つのものを持っていますか？　この三つは世のなかでたくましく生きる上での基盤になります。頭が悪いと思っている人も、この三本の柱があれば立派に社会で通用します。年若くして社会に出た彼らは大変だったと思います。でも苦労に根ざした体験は強い人格をつくりあげます。

二学期に入るとすぐ職場体験実習がありますが、皆さんに理解してほしいことは、学校と会社の違いです。中学生である君たちは、授業を受ける権利、学校に行く権利を持っています。学校の先生たちは君たちを大事にしてくれます。ところが職場は、君たちが「会社のためにどれだけ役に立つか」という視点で君たちを見ます。役立つことを期待します、義務づけます。当然ですよね。だって会社は君たちに給料を払っているのです。あいさつもできない、人の話をきちんと聴けない、仕事を面倒くさがる人間では困るんです。それではお客さんに対する誠意ある対応なんて程遠いですよね。会社に役立たない人間は首を切られます。学歴を問わずです。

わたしは前の職場で、職員の仕事ぶりを評価する立場にありました。わたしは、たとえある職員が有名大学を出ていても職業人・社会人として当然やるべき常識的なこと、今の君たちでいえば学校生活のなかで決められた掃除、黒板消し、あいさつなどがあたりますが、基本ができない職員には高い点数をつけませんでした。職場で地位が上がる昇進には反対票を入れました。ボーナスも最低の割合の評価です。そんな奴に高いボーナスを払ったら一所懸命努力し頑張っている他の職員に申し訳ありません。不公平です。皆のやる気が低下し職場の雰囲気が壊れます。

人間社会では、皆が面倒くさがるようなことでも目の前のことをきちんと取り組み、黙々と努力していれば、それをしっかり見ている人がいます。誰もやらない、すき間になっている仕事を引き受けていると、やがて好意的な声をかけられます。温かい声をかけられれば、人間はやる気が出て頑張ります。そうすると、仕事でも人間関係においても好循環でどんどん良いことが起きていきます。

一所懸命生きている人には良い人が集まります。反対に、いい加減なことをしている人のところには、同じようにいい加減で良くない人間ばかりが集まり、ろくなことにはなりません。これは間違いない真実です。非行少年のなかで立ち直った人、そうでない人の違いを見ると、よくわかります。

「学校の勉強なんて働き出したら関係ない」と言う人がいます。しかし、それは勉強をしない人の自分に都合がいい言い訳で、とんでもない思い違いです。

わたしは野菜作りをしています。無農薬栽培に努めていますが、現実には害虫や病気を予防駆除するために最低限の農薬を使う必要が出てきます。そこで、二千倍の濃度で五リットルの薬剤散布をしなければならない時、今君たちが数学の授業で習っている〝割合〟の知識が必要になります。水と薬剤の割合がわからないままいい加減に農薬を混ぜると効き目がなかったり、逆に濃すぎて野菜を枯らしたりします。知識がないと作物をうまくつくれません。

国語の読み書きは、仕事で必要な書類を読んだり書いたりすることに使います。ことばを知っていると考えがまとめられ、相手に要件をきちんと伝えられて得をすることが多いです。また、道を歩いていると、マンションの外壁塗装のための足場組み立てを最近よく目にします。このビルの足場組み立ても単なる力仕事ではありません。建物の図面を見て必要な材料の種類と数を割り出す計算が必要です。それができないと、いつまでたっても単純な作業しか任せてもらえず、給料も上がりません。仕事の注文を受ける場合には、お客さんの要望とこちらの事情とすり合わせながら作業の説明提案をしなければなりません。当然、物事を筋道だてて考える論理的思考が必要になってきます。

このように仕事では、いろんな場面で君たちが今習っている知識を使います。「学校の勉強なんて働き出したら役に立たない」というのは真っ赤な嘘です。

君たちの十四歳という年齢は、これから世のなかで生きていくために力を蓄える時期です。学校生活には将来役立ついろんなモノが詰まっています。教科の勉強はもちろん、あいさつ、掃除、友だち関係を含めた学校生活全てが生きる力につながっていきます。

成績はいいに越したことはありませんが、成績が上がらないからといって、自分はダメだと卑下し悲観することはありません。「自分はおちこぼれ」と思ったら、本当のおちこぼれになります。勉強が苦手という人は、社会人として生きぬく、成績に代わる常識や知恵、人と良い関係を築く能力を身につければいいんです。もちろん自分なりの持ち味を身につける努力をしましょう。

最後に、少し先の話のようですが、もし高校に進学したら、よほどの事情がない限り途中でやめることがないようにしましょう。一時の感情でやめないようにしましょう。経済的な理由から高校進学が困難という人がいれば、奨学金制度などがありますので、このあたりのことは担任の先生に相談するといいでしょう。もちろん奨学金は職業人になった後は返さなければなりませんよ。

中卒や高校中退の人の現実は、正直言ってしっかりした目標や強い気持ちがないと大変です。心が折れてしまいます。どうぞ後で後悔しない中学校生活、そして高校生活を送るよう願っています。

生徒からの感想文（原文のまま）

・ぼくは勉強がにがてでせいせきも良くありません。でも話をきいて礼義とかできればだいじょうぶときいて、だいぶんじしんがつきました。

・せんせいのお話は生活や将来に役立つことがたくさんあったので、役に立てたいです。

・先生が絵を書いて説明してくれたときに「うわっ。大変だし、辛いな」と思いました。実際わたしは、学校なんていらないからはやく働いて好きなことしたいと思っていました。でも働くということがどれだけ大変なことかが身にしみてわかりました。

・自分は高校、大学をどうしようか迷っていたけれど結（決）心がつきました。高校、大学を途中でやめずに最後までやって、人のいやがる仕事もなるべくやっていきたいと思いました。とてもためになる話でした。

・今の世のなかのきびしさ、会社や仕事の大変さなど、いろんなことを学ぶことができました。お話のなかで、人の話をきちんと聞くこと、目の前のことを一生懸命にがんばること、あいさつをすることの大切さを改めて感じました。今まで知らなかったことを初めて知ったり、いろんな世界について学ぶことができたりしてとてもよかったです。

・先生の話をきいて心に残った言葉があります。それはおちこぼれって言われている人に、先生が声をかけたとゆう「目前のことを全力で取り組みなさい。生きぬくちえを覚えなさい」。そして「自分のことをだめと思うと本当にだめになる」。この言葉には勇気をもらいました。この言葉を心にとめ、これからもがんばります。

・ぼくは非行少年は皆悪くて怖い人たちだとおもっていました。でも先生の話をきいてその後ちゃんと足をあらって職につくためにがんばっている人も多いとわかって、非行少年という言葉だけで「ろくでもない人たち」と決めつけていた自分が恥ずかしくなりました。

今日の社会人講話は良い体験になりました。

■平和学習

例年、中学校では沖縄戦を題材に平和学習がなされているが、わたしに沖縄での生活経験があったことから、クラスで沖縄の話をすることになった。

わたしは、まず沖縄県を中心にした半径千キロ以内の周辺の地図を黒板に描いた。地図を見せ、福岡からどの程度離れ、船や飛行機ではどのくらい時間がかかるかなど話した。沖縄が台湾、中国のほうが東京や福岡より近いことを視覚的に納得させ、話をはじめた。

沖縄は先の戦争で国内唯一の地上戦があった場所です。沖縄戦での死者十八万人のうち、約半数の九万人は民間人でした。多くの女性、子ども、赤ん坊、年寄りが犠牲になり、近現代史上最も凄惨な戦場のひとつといわれています。その後、沖縄は日本に復帰する一九七二年までの二十七年間、アメリカの施政下におかれました。

沖縄は今も、日本のなかで突出してたくさんの米軍基地を抱え、基地問題抜きに沖縄の社会、政治、経済は語れません。わたしが沖縄に行ったのは、復帰後八年目の一九八〇年でした。飛行機から見下ろす初めての沖縄の海はエメラルドグリーンで、その美しさに目を見張ったものです。しかし、その一時間後には沖縄の現実に直面しました。那覇空港に降り立ち引越し先に向かっていると、通行止めです。なんと不発弾の撤去作業をしていたのです。沖縄では戦後半世紀以上たった今でも、たびたび不発弾が発見されています。

沖縄に来て初めての休日にドライブをしました。米軍基地が多い中部《ちゅうぶ》に向っていると、突然前方上空をヘリコプターが横切りました。そのヘリコプターから垂れ下がったなわばしごには、米兵が三人ぶら下がっていました。さらに北上して行くと爆発音がするので、見ると山のあちこちに白い煙があがっていました。軍事演習です。あろうことか、わたしはいつの間にか立入禁止区域寸前のところにいたのです。

沖縄の新聞の記事内容・論調は、本土の新聞とまったく違います。本土の新聞に軍事関連の記事がどの程度載っているでしょうか。ある日の夕方、那覇軍港の前を通ると、迷彩色の戦車がびっしりと並んでいました。今まで見たこともない風景でしたが、一夜にしてすべて影も形もなくなっていました。あの戦車は一体どこに行ったのだろうかと思っていると、数日後、ベージュ色の戦車がずらりと並んでいました。アメリカ海兵隊員が中東に投入されることになり、砂漠戦闘用にベージュ色に塗り替えられたのです。

沖縄にいると、世界のいたるところの軍事緊張が、じかに伝わってきます。

沖縄は囲碁が盛んで、わたしは昼休みに職場の同僚と囲碁を打っていました。彼は地元の沖縄の人でした。その彼が、わたしが打った一手を、

「捨て石か。沖縄と一緒だ」

とつぶやきました。

沖縄戦で家族の誰かが死んだのかもしれない。沖縄戦後、アメリカの植民地になり、本土復帰後も基地問題を抱え、日本防衛の要となっている沖縄の現実を、彼は「捨て石」と言い放ちました。その時の彼の顔をわたしは今も忘れることができません。

戦争は幸福をもたらさない。悲しみと恨みを残すだけです。沖縄の人間にあって本土にないもの、それは米軍の存在、軍事防衛にかかる緊張感、戦争への不安です。本土の人間にあるのは、「オキナワ」を実感できない平和ボケです。

黒人アメリカ兵とテニスを通じて知り合いになりました。テニスの合間に、身振り手振り

を交え片言英語で話すうち、彼はベトナム戦争に行ったことのあるパイロットで、海兵隊に所属していることがわかりました。「本国に帰れば」と言うと、「今のほうが給料がいいよ」と笑っていました。貧困や差別から脱するには、兵隊になって海外の基地に所属するのが一番確率の高いやり方という、アメリカの現実が垣間見えた一瞬です。いつの時代も危険な前線には社会の底辺の若者がやられ、戦争の犠牲になっていきます。

先日、沖縄戦の米海兵隊員を父親にもつ新聞記者のリポートがテレビで放映されていました。父親が亡くなる前の「告白」をもとに、父親の六十六年前の沖縄での足跡をたどる内容でした。

息子は父親が戦場から持ち帰った日本兵の遺品をたずさえ、アメリカから沖縄に向かいました。遺品の軍事教練本には、沖縄の高校名と名前が記されていました。少年兵です。息子は思います。

「父は十五、十六歳の少年兵を殺したのだろうか？」

戦時中、日本では当時の軍事教育によって、お国のために志願する少年がいました。十四歳から志願できます。君たちと歳が違わない少年が、戦場にかり出されたのです。

息子は心の動揺を押さえながら、所有者の名前などをもとにあちこち訪ね歩いていると、生き残った沖縄の元少年兵から話を聞くことができました。すると、幸いといっていいのでしょうか、教本の持ち主は戦後も生きていたことがわかりました。ただ、教本は後輩の少年兵に譲られていた可能性があったそうです。

彼は、アメリカと沖縄で集めた証言から沖縄戦の実像を知ります。沖縄に上陸した米兵は、日本軍が闇のなかから突然射撃するゲリラ戦法におののき、「何か動く気配を感じたらとにかく何でもかまわず撃て。やられる前に撃て」と上官から命令されていたそうです。

生徒たちはしーんとして聴き入ってくれた。話が終わるや、普段はほとんど発言しない生徒が「先生、なぜ人は戦争をするんですか？」という質問をしてきた。わたしの話が生徒たちに伝わったと確信した。

同じことを言っても体験した人の話は生徒への伝わり方が違う。説得力がある。学校教師の守備範囲は広くなっている。テーマによってゲストスピーカーをうまく活用するほうが効果が上がる。

あとがき

雑誌を読んでいると、「就職試験の作文で〝思い出深い人〟という題を出して一番多く書かれるのは〝学校の先生〟」という記事が載っていた。

わたしは教育学部出身だが、学校の先生には大した関心もなく、教員採用試験を受けることもなく卒業していった。しかし、就職し世のなかに出てみると、教育の大切さを痛感した。

男子中学生は急に背が伸び男っぽい顔立ちになり、女子は女らしくなっていく。過感なこの時期の生徒の心身の成長は著しい。スポンジのごとくいろんなことを吸収していく。わたしは今、小学校の放課後遊び場づくり事業に関係し、毎日小学生と顔を会わせている。勝手な思いながら、子どもの心にわたしとの時間が良き体験としてわずかでも残ることを願い、がんばっているつもりだが、どうということはない、実はわたしのほうが子どもから力をもらっている。

こうした環境のなかで仕事を続けられる教師はなんという幸せ者だろう。どうぞ教師たるもの、すべての生徒が「学校に行くのが楽しい」と思う教育のありかたに意を用いてほしい。子どものためを思った青臭い意見を言い続けてほしい。

今後、日本の人口は急速に減少していく。ということは一人ひとりの重みが増すということである。おちこぼれという立ち位置からひとりよがりな教育論を語ったが、子どもの減少が進む我が国にとって、ひとりでもおちこぼれを少なくすることは喫緊《きっきん》の課題である。行政には、生徒が誇りを持って社会に巣立っていけるような、制度改革を期待したい。

最後になったが、終の棲家になるだろう福岡の地から発信したいという著者の思いを汲んでいただき、出版を後押ししてくれた海鳥社、柏村美央氏、西俊明社長にこの場をお借りし、心から感謝申し上げる。

二〇一四年一月

高木　清

高木　清（たかぎ・きよし）
1950年生まれ。福岡市在住。元京都少年鑑別所次長。著書に『非行少年の世界と周辺』（太陽出版、2008年）がある。

15歳《じゅうごさい》までの必修《ひっしゅう》科目《かもく》

■

2014年9月1日　第1刷発行

■

著者　高木　清

発行者　西　俊明

発行所　有限会社海鳥社

〒812-0023 福岡市博多区奈良屋町13番4号

電話092(272)0120　FAX092(272)0121

http://www.kaichosha-f.co.jp

印刷・製本　九州コンピュータ印刷

ISBN978-4-87415-915-6

［定価は表紙カバーに表示］

海鳥社の本

「こころの教育」への提言　教育荒廃にあえぐ子ども・父母・教師に贈る

高橋弘通著

30年に及ぶ教師時代に，「こころの教育」を求めて実践してきた著者が，現代の教育荒廃を克服し，「独立自尊」の福沢精神に基づいた，真に個性的・民主的な人間づくりのための教育へ向けた提言を綴る。

四六判／200頁／上製　2000円

消えた子ども社会の再生を

藤田弘毅著

子ども社会。それは，大人が何もしなくてもガキ大将が中心に様々な年齢の子供が一緒になって遊び，生き抜く力をつけるところ。その再生を目指し，失敗と試行錯誤を繰り返しながらも，挑戦し続けた12年の記録。

Ａ５判／197頁／並製　1500円

自分を護る力を育てる

宇都宮英人著

過剰な暴力的対応に潜む，現代人の身体性の喪失，人間関係の未熟さ……。身体的・言語的コミュニケーション能力を訓練して「自分を護る」ことを習得しよう。被害者にも加害者にもならないために。

四六判／182頁／並製　1400円

からだと心を鍛える　日の里空手スクールの実践から

宇都宮英人著

20年に及ぶ子どもたちとの交流でつかんだ，身体文化としての空手が及ぼす身体，脳の活性化の実践報告。成長が著しい高校生や，特に身体に自信のない子，身体の弱い子，弱いと思っている子にこそ空手を勧める。

四六判／172頁／並製　1300円

価格は税別